DICCIONARIO TIKAL
DE LAS
PIEDRAS QUE CURAN

José Luis Alcaraz

DICCIONARIO TIKAL
de las
PIEDRAS QUE CURAN

*Dedico este libro
a mis hijos,
Marta, Raquel y Alberto*

© José Luis Alcaraz
© Susaeta, S.A. (versión castellana)
Tikal Ediciones
C/ Campezo, 13
28022 Madrid
Fax: 913 009 110
tikal@susaeta.com

Diseño de cubierta: Antonio Tello
Fotografía de cubierta: GODO FOTO
Fotografías interiores: Paco Alcaraz y Archivo Tikal
Impreso en España

SUMARIO

INTRODUCCIÓN

Ya es casi habitual en las conversaciones que mantenemos en nuestro círculo de amistades, reuniones de amigos y, en general, en nuestro ámbito, que nos tropecemos con temas relativos al reino mineral y a sus aplicaciones terapéuticas, curativas, etc... No siempre se llega al consenso, pero sí está asegurada la tertulia y la discusión, que en la mayoría de los casos termina siendo apasionante.

Recuerdo horas de conversación con personas tan versadas en el tema –en su aspecto científico– como J. A. Pina (geólogo y profesor titular de la Universidad de Alicante) o Vicente Mojica (médico). Durante estos años ha sido tema obligado en nuestras sobremesas; normalmente, y tras horas de diálogo, las conclusiones eran las mismas: es posible...

Es posible... así pensaba yo hace unos doce años, pero vienen a mi memoria tal cúmulo de experiencias vividas directamente que ese «es posible» se ha convertido en algo tan real que puedo afirmar que **sí, sí es posible** curar con minerales.

Más adelante encontré casos, siempre verídicos, que me asombraron en un principio pero que, poco a poco, se fueron haciendo familiares, cotidianos, y pasaron a formar parte de mi propia vida.

Aprendí a convivir con el dolor y el sufrimiento de los demás, con sus problemas, desventuras y hasta situaciones límite (intentos de suicidio, graves depresiones, violencia, etc). No tardé en darme cuenta de que casi todos los casos tenían un denominador común: la infelicidad, la crispación, los nervios, los celos y las envidias causaban gran número de estas situaciones y, sin pensarlo más, me puse a investigar y a tratar de ayudar a un sinfín de personas: lo hice a partir del reino mineral, con el cual estaba más familiarizado.

Al principio me basé en la astrología y en sus grandes maestros, seguí más tarde con Alfonso X el Sabio y su libro *El lapidario,* y continué con diversos autores (el doctor B. Bhattacharya, Joel Glick, A. Gallotti, etc.), eruditos todos ellos en esta materia. Pero no me sentía satisfecho y, como santo Tomás, tuve que probar y experimentar por mí mismo, tener mi propio criterio.

A mí han acudido toda suerte de personas y debo hacer notar que nunca he encontrado un patrón que se correspondiera con la escala social, pues encontré los mismos síntomas y problemas en médicos, ingenieros, abogados, agricultores, amas de casa, ricos, pobres, orgullosos, humildes, introvertidos, etc... Mi forma de actuar ha sido la misma con todos, y los resultados, idénticos.

En este libro voy a plasmar las experiencias vividas durante estos años y las conclusiones que me han hecho decidirme a recomendar un mineral u otro, siempre –repito– basándome en la experiencia y los buenos resultados.

Es el momento de recordar que la fe salva, ayuda y que sin ella veremos morir al ser humano más sano; es imprescindible actuar con esa fe, que canalizará nuestras energías positivas y espirituales.

Cada mineral está tratado desde dos puntos de vista: el científico-gemológico y el curativo-espiritual.

Consideraciones generales

La energía de los minerales

Nos referiremos en primer lugar al color y a su paradigma, el arco iris –los siete colores–, fenómeno de naturaleza transitoria que se produce debido a la descomposición de la luz al atravesar un medio, en este caso el agua.

Es evidente nuestra capacidad para ver el color, pero ¿podemos ver los rayos ultravioleta? ¿podemos oír sonidos con longitudes de onda superiores a 7000 Å o inferiores a 4000 Å? (La unidad de medida de la longitud de onda es el ángstrom, de símbolo Å, y 1 Å equivale a 1 diezmillonésima de milímetro.) No. Indiscutiblemente, están fuera del espectro visible y audible para nosotros, se escapan a nuestros sentidos y sin embargo están, existen. ¿Quién no conoce los silbatos de llamada para perros? Nosotros no podemos oírlos, pero ellos sí, y acuden según han sido adiestrados.

Este principio básico explica que haya minerales –como el cuarzo o la turmalina– que, al ser sometidos a una presión determinada, vibran y generan energía; este principio se aplica en relojería y otras tecnologías.

Esa liberación de energía natural, ya que no interviene la mano del hombre para nada, se puede canalizar. Así pues, ahora nos plantearemos cómo usarla en nuestro beneficio.

No todos los minerales vibran con la misma longitud de onda, y eso es precisamente lo que buscamos: diferentes espectros para diferentes aplicaciones. Tampoco se debe olvidar el color de cada mineral, ya que es de vital importancia; nunca recomendaremos una piedra o gema roja para meditar o relajarnos, usaremos minerales de colores más cálidos que nos predispongan el ánimo para la actividad intelectual, tales como el rosa o el verde.

El porqué del color

El color tiene una gran importancia, no sólo por el aspecto externo, sino por su aplicación en cromoterapia.

En el mundo mineral observamos casi todos los tonos cromáticos, desde el rojo intenso del rubí al verde de la esmeralda, pasando por el amarillo del azufre o el violeta de la purpurita, la amatista, etc. El color es lo que más destaca en una gema, aunque no sea una característica diferencial y haya muchas piedras que presenten varios colores. Los colores son originados por la luz. Los agentes químicos metálicos (cobalto, hierro, vanadio, manganeso, etc.) son los que, en determinadas piedras preciosas, absorben distintas longitudes de onda de la luz blanca, y de este modo se producen los distintos colores.

El camino que recorre la luz al atravesar un cristal también interviene en su absorción y, por lo tanto, en el color.

Hay gemas que tienen la peculiaridad de cambiar de color: la alejandrita se presenta verde a la luz natural y pasa al rojo-frambuesa si la exponemos a los rayos de una luz artificial. La cordierita azul se convierte en amarilla.

Los minerales con fluorescencia cambian totalmente de color al ser expuestos a radiaciones de onda corta y larga. Los circones, por su contenido en uranio, cambian ostensiblemente tras ser expuestos a ciertos rayos. También mediante radiaciones podemos convertir un cuarzo cristal de roca en un opaco cuarzo morión.

El motivo de que un mineral sea de un color u otro es debido, en primer lugar, a su composición química; así, los minerales mena de cobre son de tonos verdes y azules, precisamente por su contenido en cobre (azurita, malaquita); los de cobalto aparecen de un rojo intenso; los de manganeso son rosados, como la rodocrosita.

En los casos en los que el color se debe a defectos en la estructura del cristal, la irradiación de energía suficiente como para romper el retículo cristalino puede modificar de modo muy sensible el color del mineral.

Por otra parte, si observamos una turmalina en diferentes posiciones, veremos que refleja tonalidades diferentes: es lo que se conoce como pleocroismo, principio básico que significa que las propiedades físicas no son iguales en todas las direcciones del cristal.

En el diamante, que pertenece al sistema cúbico, el color es exactamente el mismo en todas las direcciones, por tanto sólo tiene un índice de refracción, pero no ocurre lo mismo con la turmalina, que, puesto que pertenece al sistema cristalino romboédrico, no tiene las mismas propiedades ópticas en todas las direcciones y tiene dos índices de refracción, una birrefringencia de 0,016/0,020.

Estas diferencias resultan especialmente evidentes si se utiliza luz polarizada, en la que las vibraciones están totalmente concentradas en un mismo plano.

¿Qué son los índices de refracción?

Cuando un rayo incide en un medio distinto de aquel en que se está propagando ocurren dos cosas: una parte se refleja, fenómeno que llamamos reflexión, y la otra parte atraviesa el medio, pero cambia el curso de su trayectoria. A este fenómeno lo llamaremos refracción.

Los ángulos de incidencia, refracción y reflexión se miden respecto a una línea perpendicular a la superficie. El rayo reflejado determina el color y el brillo, mientras que el rayo refractado determina su color.

El plano de incidencia está formado por el rayo incidente y la normal.

Los rayos que se transmiten en un medio isótropo, por ejemplo el agua o el aire, son haces en los cuales la luz vibra en todas las direcciones del espacio.

Cuando los rayos pasan de un medio más denso a otro menos denso (ópticamente hablando) y algunos no lo atraviesan decimos que es un medio refringente.

La línea de Becke marca el relieve de un mineral; es una línea que enfatiza el borde y se desplaza en los minerales con índice de reflexión total.

Cuando un rayo incidente penetra en un material anisótropo aparecen refractados dos rayos: es el llamado fenómeno de la doble refracción.

Formación de los minerales: génesis

En la larga evolución geológica de nuestro planeta han intervenido, a grandes rasgos, procesos magmáticos, sedimentarios y metamórficos.

En el proceso magmático, los minerales se forman a partir de silicatos incandescentes (el magma), que, originados en la corteza terrestre, llegan a las capas superiores, donde se enfrían y solidifican en procesos más o menos lentos.

Durante este ascenso a las capas superiores van fusionándose con otras rocas que finalmente modifican su composición química. Debido a que el magma es espeso pero líquido, los minerales de menor peso específico ascienden a las capas superiores, mientras que los más pesados se quedan en las inferiores.

En alguna ocasión, los minerales se desprenden de los gases y vapores a altas temperaturas y forman cristales de, por ejemplo, topacio, turmalina, wolframita, etc...

Otros minerales posmagmáticos son resultado de la elevación a través de grietas y fisuras de las rocas; las recubren y forman los llamados hidrotermales. Ese es el origen de los cuarzos, las calcitas, las dolomitas, etc.

Los minerales resultantes de la descomposición de las rocas pueden ser transportados por corrientes de agua o por otros agentes climatológicos (viento, movimientos, etc.) y ser depositados en lugares más o menos alejados (depósito de aluvión) de la roca originaria. Además, en función de su peso, se van depositando primero los más pesados y luego los más ligeros, como por ejemplo, los placeres de oro, diamante, etc.

Paragénesis

No es frecuente que los minerales se presenten aislados en la naturaleza. Por lo general, aparecen agrupados con otros, en una especie de asociación que es característica de un determinado proceso de formación. El conocimiento de la paragénesis es muy importante, ya que permite prever la presencia de un mineral o excluir la existencia de otros.

Propiedades de los minerales

Dureza

Trataremos la dureza de un mineral como primera propiedad física. No está definida con precisión exacta, pero es determinante para la clasificación de los minerales.

La dureza depende en gran medida de su posible exfoliación, ya que ésta es menor en la dirección paralela al plano de exfoliación.

Aquellos minerales cuyos átomos son pequeños o están formados por iones son los de mayor dureza (por ejemplo, el diamante).

Para definir la dureza diremos que es la resistencia que ofrece un mineral a la penetración de otro cuerpo. La dureza es una propiedad vectorial y mide la fuerza de los enlaces entre las partículas que forman un cristal. La dureza es un patrón que sirve para clasificar minerales. También se utiliza como medida la cantidad de partículas desprendidas al rayarlo.

La escala de Mohs es una escala semicuantitativa que clasifica los minerales de menor a mayor dureza.

• 1 y 2 se rayan con la uña y se clasifican como muy blandos.
• 3 y 4 reciben la calificación de blandos y se rayan con una navaja.
• 5 y 6 se consideran semiduros y se rayan con un utensilio de acero.
• 7 y 8 son duros y rayan el vidrio.
• 9 y 10 son muy duros; rayan todos los minerales anteriores.

			Escala de Rosiwal
1	TALCO	se raya con la uña	0,03
2	YESO	se raya con la uña	1,25
3	CALCITA	se raya con una moneda de cobre	4,5
4	FLUORITA	se raya fácilmente con la navaja	5
5	APATITO	se raya con una buena navaja	6,5
6	FELDESPATO	se raya con una lima de acero	37
7	CUARZO	raya el vidrio	120
8	TOPACIO		175
9	CORINDÓN		1.000
10	DIAMANTE		140.000

Otra forma de medir la dureza de los minerales es la escala de Rosiwal, que se basa en la pérdida de peso cuando se frota una cara del mineral con una determinada cantidad de carburo de silicio. Es una escala relativa. Como ejemplo, diremos que el diamante se desgasta 140 veces menos que el corindón (rubí, zafiro).

El método de Bernhardt utiliza el microscopio para medir el tamaño de la huella producida por una punta de diamante al ser disparada contra el material. La fuerza con la que choca la punta es conocida y constante y la huella que deja es más grande cuanto más blando es el mineral. Esta magnitud se denomina microdureza.

Exfoliación

La exfoliación es la propiedad que tiene un mineral de partirse preferentemente en una dirección determinada. Es una propiedad vectorial que, junto con la dureza, forma parte del conjunto de elementos que determinan la cohesión de un mineral.

La exfoliación depende de la estructura interna del cristal. Se puede observar fácilmente golpeándolo. En algunos minerales la exfoliación es la misma en todas las direcciones o planos; en otros, la calidad de los planos es distinta y la exfoliación se realiza preferentemente en determinadas direcciones.

La clasificación de los distintos grados de exfoliación es la siguiente:

• muy imperfecta: no hay exfoliación, más bien se observa una fractura, que puede ser terrosa, desmenuzable (granate), desigual (pirita) o concoidea (cuarzo);

• imperfecta: los planos de separación presentan una superficie irregular (apatito, azufre);

• buena: los planos de exfoliación son visibles a menor escala y no siempre son perfectamente rectos (ortosa);

• perfecta: el mineral se exfolia en formas regulares y delimitadas por los planos (galena);

• excelente: la exfoliación se realiza en láminas perfectas (micas, yesos).

Morfología

La morfología estudia la forma de los cristales, que son cuerpos de forma geométrica de tal perfección que no parece que puedan ser naturales.

Según su desarrollo podemos clasificar los cristales en:

• alargados en una dirección (aciculares, tabulares, capilares)
• isométricos
• alargados en dos direcciones (discoidales, hojosos, escamosos)
• agregados granulares
• agregados aciculares, fibrosos
• agregados dendrídicos
• agregados estalactíticos
• agregados lamelares (micas)

Sistemas cristalinos, cristales

La inmensa mayoría de los minerales se presentan en forma de cristales, algunos de los cuales sólo son visibles a través del microscopio. Responden a una estructura interna que depende de la disposición de sus moléculas y átomos, agrupados y dispuestos dentro de la llamada red cristalina.

Los elementos de simetría que nos presentan las diferentes formas cristalinas son:
- plano de simetría
- eje de simetría
- centro de simetría

Se puede demostrar que no son posibles todas las combinaciones de estos elementos de simetría, puesto que muchísimas son incompatibles con la estructura periódica; además, entre las que son posibles no puede producirse cualquier combinación, puesto que existen sólo 32 casos reales y, por lo tanto, sólo existen 32 clases de simetría. Éstas se clasifican y se agrupan tradicionalmente en siete sistemas cristalinos. Ordenados de menor a mayor grado de simetría tenemos el triclínico, el monoclínico, el rómbico, el trigonal, el tetragonal, el hexagonal y el cúbico.

Triclínico (tres ejes inclinados). Los tres ejes son de distinta longitud. Los pinacoides (caras paralelas) son formas cristalográficas típicas.

Monoclínico (un eje inclinado). Tres ejes de distinta longitud, dos paralelos entre sí y otro inclinado respecto a ellos. Formas cristalográficas sin pinacoides básicos y prismas con caras inclinadas.

Rómbico. Los tres ejes son de distinta longitud y perpendiculares entre sí. Son formas cristalográficas típicas el pinacoide básico, el prisma, la pirámide rómbica y las bipirámides rómbicas.

Trigonal. Tiene cuatro ejes, tres de ellos se encuentran en un mismo plano y se cortan en un ángulo de 120°. Son formas cristalográficas el prisma, las pirámides de tres caras, el romboedro y el escalonaedro.

Hexagonal. Tiene tres ejes en el mismo plano, de 120° o 60°; el cuarto, de distinto valor, es perpendicular a ellos. Formas cristalográficas: prismas y pirámides de seis caras y bipirámides de doce caras.

Tetragonal. Los tres ejes son perpendiculares entre sí, dos de ellos tienen la misma longitud y están en el mismo plano, el tercero es el eje principal. Formas cristalográficas que presenta : prismas y pirámides de cuatro caras, trapezoedros y pirámides de ocho caras.

Cúbico. Los tres ejes tienen la misma longitud y son perpendiculares entre sí. Formas cristalográficas que presenta: cubo, octaedro, rombododecaedro, pentágonododecaedro, icositetraedro y hexaquisoctaedro.

Otras propiedades de los minerales

Finalmente, además de las propiedades mencionadas hay que considerar la luminiscencia, el magnetismo, la conductividad eléctrica, la radiactividad y el peso específico.

Talla de las gemas

Hay tres tipos de tallas: talla en facetas, talla lisa y talla mixta.

La talla *en facetas* se utiliza casi exclusivamente para las gemas transparentes, pues obtiene un gran fuego de la piedra y frecuentemente un buen juego de colores.

La talla *lisa* puede ser plana o abovedada (ágatas y piedras sin transparencias opacas).

En la talla *mixta* la parte superior es lisa y la culata, facetada, o a la inversa.

Existen algunos cristales de gemas naturales que tienen un brillo, simetría y belleza que el hombre no puede llegar a mejorar; sin embargo, una gran proporción de gemas en bruto debe ser tallada para poner completamente de manifiesto su belleza.

La talla consiste en dar forma a un material que no la tiene y hacer las caras planas o curvas. Cada piedra se trata de una manera diferente, según sean sus propiedades físico-químicas (por ejemplo la dureza, la exfoliación, la fractura, etc.).

Talla cabujón. Es un tipo de talla lisa. Fue la primera talla que se realizó, casi todas las piedras antiguas están trabajadas de esta manera.

• *Cabujón simple:* la parte superior es curva y la inferior es plana.

• *Cabujón doble:* ambas partes son curvas.

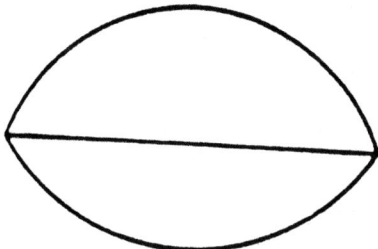

• *Cabujón hueco:* la parte superior es curva y la inferior también, pero excavada en el mismo sentido. Se usa en materiales de colores muy intensos para aclararlos, por ejemplo en granates.

• *Cabujón gota de cera:* similar al cabujón simple, pero mucho más chato.

Talla en facetas:

Hay cinco tipos diferentes de talla en facetas:

• *Talla en tabla:* este tipo de talla es producto de la forma octaédrica de muchos diamantes; se obtiene serrando una parte del octaedro.

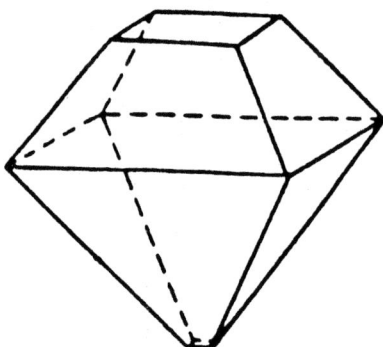

• *Talla en rosa:* está formada por una parte plana (la base) y una parte superior con facetas triangulares. El contorno puede ser redondeado, ovalado o en marquesa, pero lo característico son las facetas triangulares.

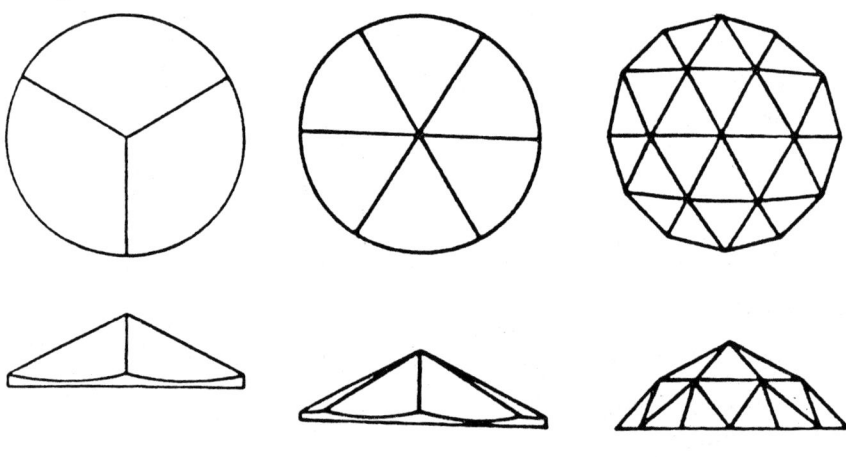

Rosa de 3 facetas   Rosa de 6 facetas   Rosa de 24 facetas o rosa de Amberes

• *Talla 8-8 y 16-16 o suiza:* a partir de ellas se desarrolló la talla brillante.

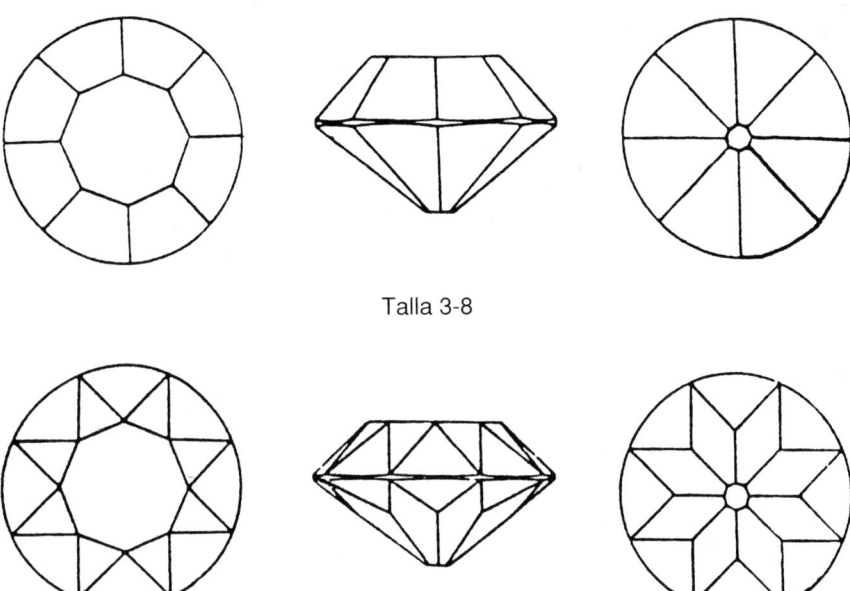

Talla 3-8

Talla 16-16 o suiza

• *Talla antigua:* es la predecesora de la talla brillante. Tiene un gran culet y la culata es mucho mayor que la corona. Guarda poca simetría entre sus facetas.

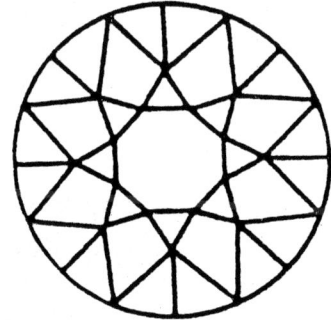

Parte frontal

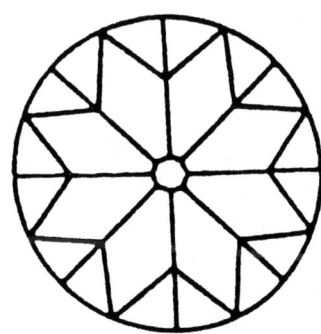

Parte posterior

• *Talla brillante:* es una talla formada por 58 facetas que se realiza principalmente en el diamante, pues responde a sus características de brillo, dispersión y reflexión.

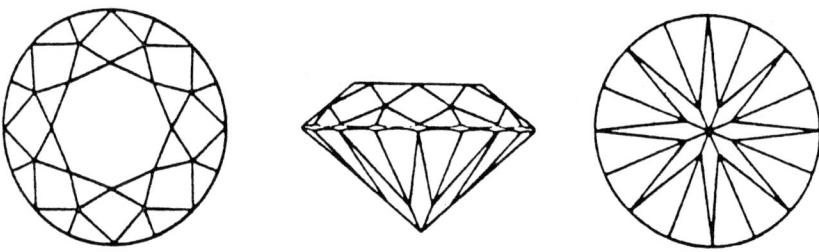

Partes:
  —Corona o pabellón: parte superior formada por 33 facetas.
  —Culata: parte inferior formada por 25 facetas.

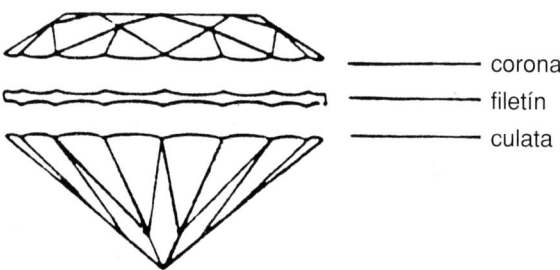

corona

filetín

culata

La corona o pabellón está compuesta por una tabla o faceta principal de forma octogonal; la rodean las facetas siguientes: 8 facetas estrella, en forma de triángulos isósceles; 8 facetas cuadrangulares superiores y 16 medias facetas, que terminan el contorno del filetín.

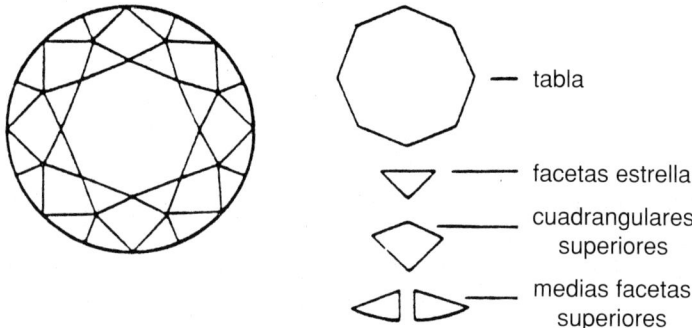

tabla

facetas estrella

cuadrangulares
superiores

medias facetas
superiores

La culata está compuesta por: 8 facetas cuadrangulares inferiores; 16 facetas triangulares inferiores o medias facetas y 1 culet o vértice de todas las facetas. Es opcional, depende del tallador, que puede acabarlo en punta.

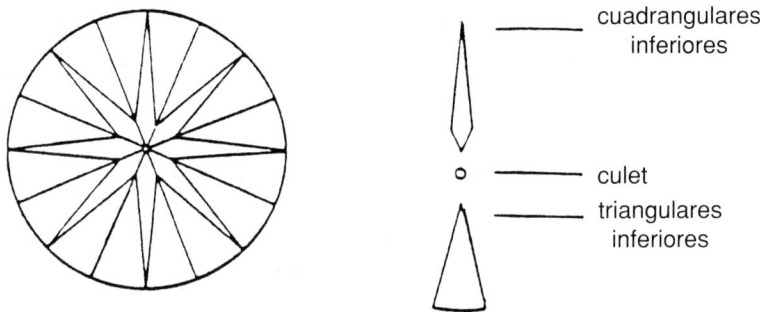

Para que la talla sea correcta las facetas de la corona han de corresponderse con las de la culata.

Proporciones ideales:

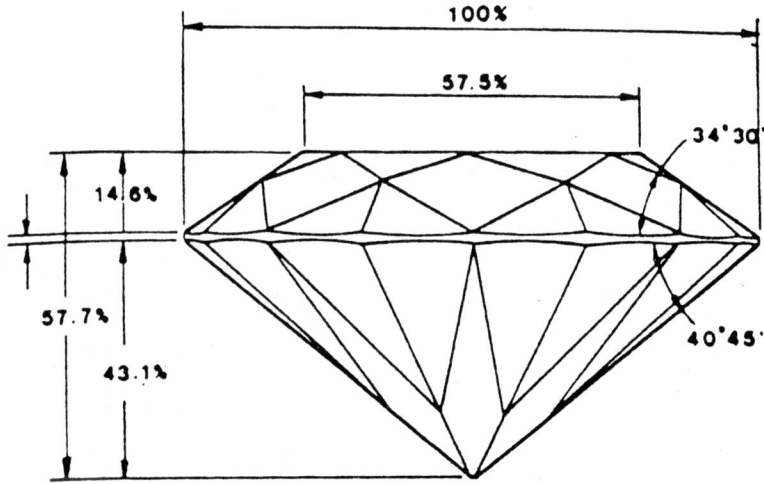

Esta talla está desarrollada a partir del índice de refracción del diamante. Si un diamante está tallado con estas medidas, la luz que entra en él se refleja y sale por arriba, es decir, se logra el fenómeno de la *reflexión total*. Si la talla, por el contrario, no guarda estas proporciones, la luz se escapa por la culata; son los llamados ojos de pescado.

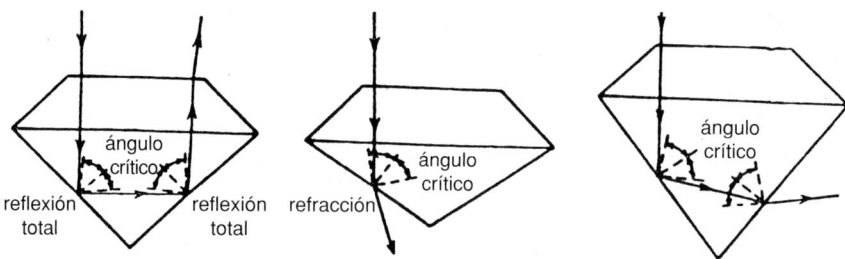

Esta talla provoca la dispersión de la luz en el diamante, hace que destellen los colores puros en las aristas que separan las facetas y sobre todo en torno a las medias facetas.

• *Modificaciones de la talla brillante:*

Las modificaciones de la talla brillante tienen igualmente 58 facetas, pero ofrecen mayor libertad al diseñador y tallador. No obstante, no todas las facetas pueden tener la misma inclinación ni los ángulos correctos, de ahí que existan fugas de luz y menor intensidad de brillo.

Las modificaciones de la talla brillante son:

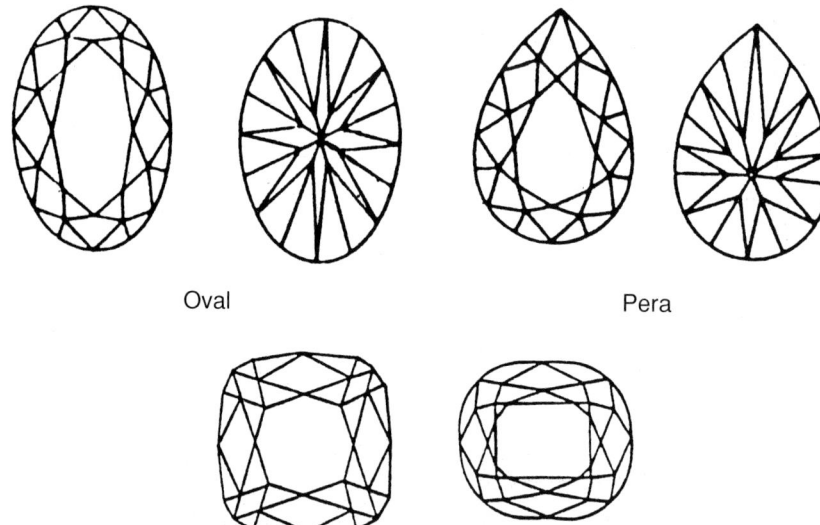

Oval   Pera

Brillante en almohadilla

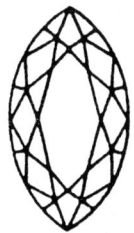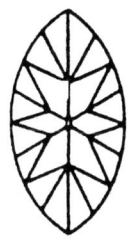

Marquise o navette   Corazón

• *Talla en escalera:* se caracteriza por tener una serie de facetas paralelas entre sí, que van descendiendo en escalones. El perfil de las piedras talladas en escalera puede ser muy variado, las modificaciones son múltiples.

• *Talla esmeralda:* se caracteriza por su contorno octogonal. En principio, tiene las mismas facetas que la talla brillante pero pueden variarse. Se utiliza para resaltar el color y en diamantes muy puros.

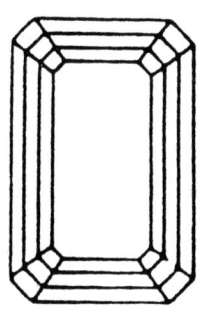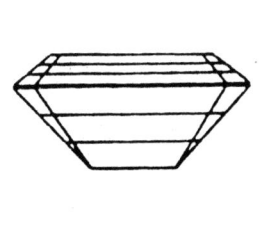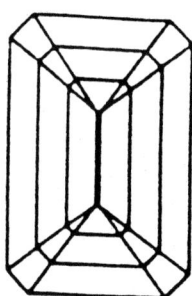

Talla esmeralda

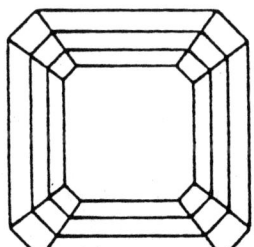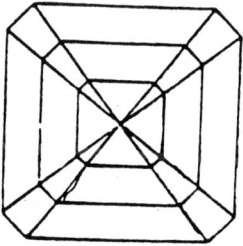

Talla esmeralda cuadrada

- *Otras tallas menos comunes:*

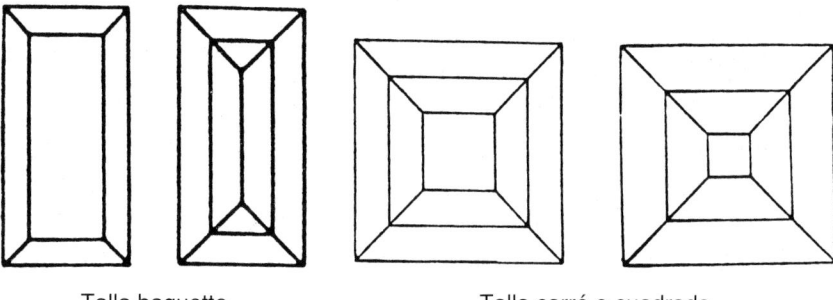

Talla baguette   Talla carré o cuadrada

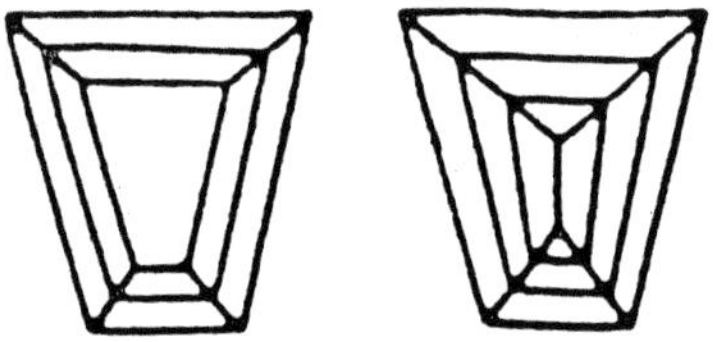

Talla en trapecio 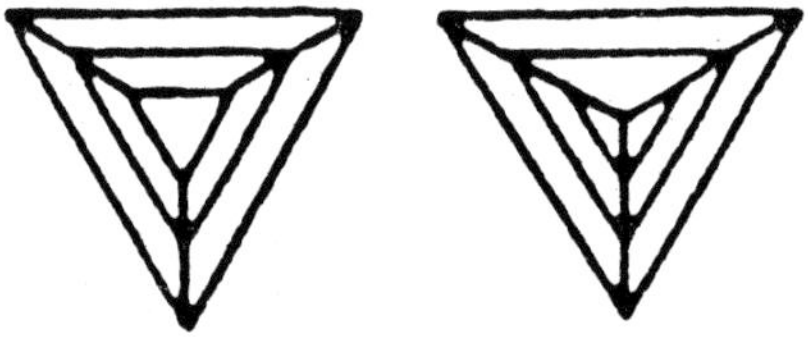   Talla en triángulo

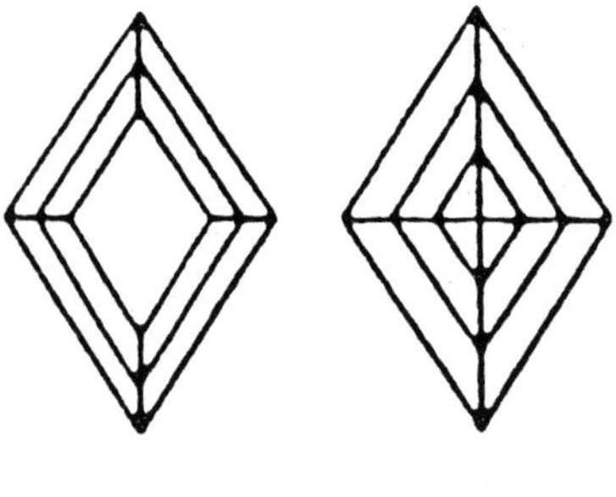

Talla en rombo 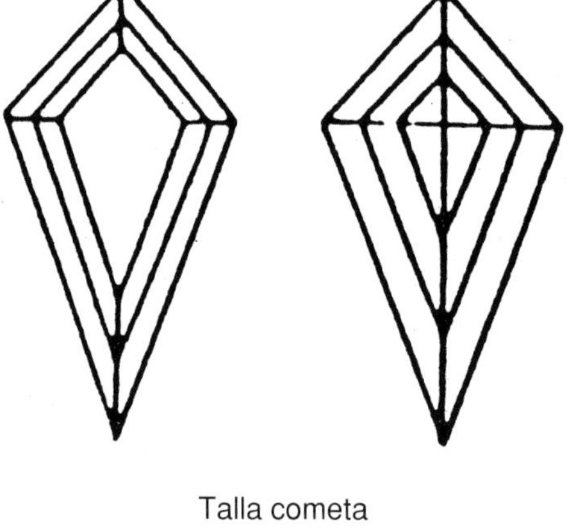   Talla cometa

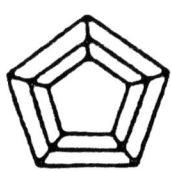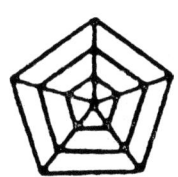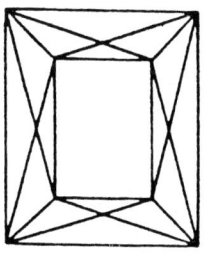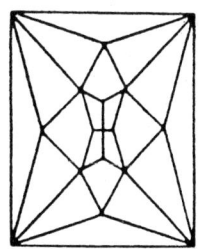

Talla en pentágono   Talla tijera

Las piedras y la armonía interior

Relajación

Al hablar de relajación hemos de tener muy en cuenta la respiración, es decir, primero debemos aprender a respirar bien para luego intentar la relajación completa.

El promedio de inspiraciones y espiraciones en la especie humana es de 18 por minuto, variando entre 15 y 20; la respiración constante dentro de estos márgenes es lo normal. Pero como las personas vivimos de una forma antinatural, anormal, nuestra respiración también lo es. Desgraciadamente, nuestra cultura antepone el desarrollo cultural y económico a nuestro sentido corporal: éste sólo lo relacionamos con el dolor.

El movimiento es una de las formas de activar nuestro sentido corporal pero, debido a nuestra manera de vivir –las prisas, el trabajo, la vida social, etc.–, cada generación se mueve menos que la anterior. Buena parte de culpa la tienen las máquinas, que han hecho desaparecer multitud de puestos de trabajo que requerían esfuerzo físico.

La respiración consta de tres movimientos: exhalación, pausa e inspiración. La pausa cumple una función muy importante, ya que durante la misma se descansa del esfuerzo de inspirar y se acumula la energía necesaria para emprender la inhalación siguiente. Es una fase vital dentro del proceso respiratorio.

Las condiciones atmosféricas desempeñan un papel muy importante en nuestra respiración. Una temperatura moderada y un bajo grado de humedad facilitan los ejercicios respiratorios. La contaminación atmosférica limita inevitablemente la respiración.

Durante los ejercicios de relajación, repita mentalmente la frase «respirar me resulta cada vez más sencillo, suave y pleno al mismo tiempo», o bien «cuando respiro suave y lentamente noto como se relajan todos mis músculos, me encuentro mejor, soy feliz». La respiración debe ser silenciosa y sin esfuerzo.

Bostezar y elevar los hombros y omóplatos para ayudarnos a respirar nos servirá en nuestros ejercicios de respiración-relajación, así como los suspiros y estiramientos.

No es la cantidad de inspiraciones y espiraciones lo que protege la vida, sino la calidad de las mismas (en menor número, pero, eso sí, completas).

La respiración completa es aquella en la cual el aire penetra al máximo y lentamente en los pulmones, es decir, hasta que ya no es posible conseguir que entre más. El aire inspirado queda retenido durante un tiempo apreciable para después salir muy lentamente hasta que no se puede expulsar más aire.

Relación entre inspiración y espiración de gases fundamentales.

Aire seco inspirado
−oxígeno..................... 20,92%
−nitrógeno 70,05%
−anhídrido carbónico....... 0,03%

Aire seco espirado
−oxígeno..................... 16,4%
−nitrógeno 79,8%
−anhídrido carbónico....... 3,8%

La relajación es el estado perfecto del ser humano. Si somos capaces de alcanzarlo y mantenerlo, llegaremos a conseguir todo aquello que nos propongamos; una decisión tomada en un momento de alteración no nos conducirá a nada positivo, por tanto, lo primero y más importante es relajarse.

Modelo de ejercicio de relajación

Nos instalaremos en una habitación que, por su situación y características, nos ayude en nuestro objetivo. Es inútil realizar un ejercicio de relajación en una sala donde haya ruido ambiental, música estridente, otras personas, etc.

Una vez elegido el lugar, lo segundo a tener en cuenta es que después de ingerir alimentos no es el momento adecuado, ya que sería perjudicial para nuestra salud física. La mejor hora es por la mañana, después de asearnos y antes de desayunar, y al acostarnos, dos horas después de nuestra última comida.

Nos ayudaremos con una música suave (las hay específicas); una muy recomendable es una cinta de casete de «ondas *alpha*».

Busquemos ahora la posición. Debe ser cómoda: acuéstese sobre una superficie plana o siéntese con la columna vertebral recta y las manos apoyadas en las rodillas.

Inspire muy lentamente (cuente hasta 9), retenga el aire en sus pulmones (cuente hasta 3) y espire también lentamente (cuente hasta 9).

Mediante la respiración controlada, pero no forzada, y la música adecuada, irá sumiéndose en la antesala del sueño. Es un primer paso positivo.

Debemos olvidarnos de todos los problemas cotidianos, del trabajo, de la familia, etc., y concentrarnos; imaginemos que estamos en una sala de cine, solos, y visualicemos una pantalla blanca, en la que proyectaremos las imágenes que nos interesan y que veremos a continuación.

Visualice en esa pantalla el pie, el tobillo, la pantorrilla, el muslo y la cadera, muy lentamente. Contraiga todos los músculos de la pierna derecha y luego distiéndalos lentamente; sienta cómo se relajan.

Continúe respirando controlada y profundamente.

Dirija su atención a la pierna izquierda y lleve a cabo el mismo ejercicio.

Llegado a este punto sentirá las piernas muy pesadas y relajadas.

Dirija ahora su atención al brazo derecho; visualice los dedos, la muñeca, el brazo, el antebrazo y el hombro; contraiga y distienda los músculos del brazo tal como ha hecho antes con la pierna.

Repita la operación con el brazo izquierdo.

Ha conseguido sentir sus extremidades libres, pesadas, relajadas.

Céntrese en el cuello; hágalo girar de izquierda a derecha lentamente y sienta como se aflojan los músculos.

Pase a la frente, frúnzala y manténgala así unos segundos, luego deje que poco a poco se distienda.

Paladee cada momento de distensión, benefíciese de ese bienestar que produce la relajación.

Visualice la boca, contráigala y relájela, sienta cómo se aflojan los labios; coloque la lengua tras los dientes del maxilar inferior; continúe respirando lenta pero firmemente.

Dirija su atención al estómago y otras vísceras y observe su buen funcionamiento: todo esto nos relaja, nos sumerge en un plácido y agradable sueño.

Sienta como fluye la sangre por todas sus venas; cada inspiración le proporciona oxígeno, que reparte por todo su organismo.

Continúe con la respiración controlada y note como la música penetra en el cerebro y le produce bienestar.

Una vez finalizado este ejercicio, si es por la mañana nos levantaremos, desayunaremos y nos dispondremos a afrontar un día más, pero con mayor fuerza y seguridad en nosotros mismos. Si, por el contrario, es por la noche, entraremos directamente en un sueño profundo y a la mañana siguiente comprobaremos que nuestro descanso ha sido positivo y provechoso, y esto nos ayudará en nuestras tareas cotidianas.

Este ejercicio de relajación está al alcance de todo el mundo, pero si deseamos que sea más profundo y duradero nos procuraremos unos cristales de cuarzo, que colocaremos en el esternón, el entrecejo, el estómago y las manos; si además nos ponemos un cristal de cuarzo en el bolsillo o prendido al cuello en una cadena y lo sentimos constantemente, conseguiremos mantener el estado de tranquilidad y relajación durante todo el día.

Limpieza de los cristales

Todas las piedras deben limpiarse de posibles energías negativas, que de otro modo incidirían en nuestro bienestar.

Las maneras de limpiarlas son muy variadas y, muchas veces, complicadas, según los autores; pero mis instrucciones son sencillas y suficientes para su uso y manejo.

Método del agua y la sal

Coloque las piedras en un vaso de agua, en el cual previamente habrá disuelto una cucharada de sal; remueva hasta que se hayan impregnado suficientemente; colóquelas a continuación en un lugar soleado y déjelas allí por espacio de tres o cuatro horas. Pasado este tiempo, ya puede utilizarlas.

También es útil exponerlas a la luna el primer día de luna llena, ya que su influjo es beneficioso.

La sal puede ser de cualquier tipo, pero me inclino por la sal gema, sal natural y no manipulada por el hombre. Cuanto más nos acerquemos a lo natural, mejor.

Método de la tierra

Lave la piedra con agua y sal según el método anterior, pero en este caso entiérrela bajo un manto de tierra de cuatro dedos aproximadamente, lo mismo da en un tiesto o en el campo, y déjela allí durante una semana. Pasado este tiempo, estará en condiciones de ser usada.

Método del agua corriente

Si dispone de aguas naturales (río, aljibe, mar, lluvia, etc.) mejor; en caso negativo, utilice agua del grifo; deje correr el agua un poco hasta que salga a temperatura ambiente y, con los cristales en las manos, dispuestas a modo de cuenco, deje que el agua fluya entre ellos durante unos minutos. Durante este espacio de tiempo debe sentir que las piedras se van limpiando de sus energías negativas al mismo tiempo que pronuncia palabras como: «El agua limpia mis piedras y voy sintiendo su efecto, que asciende por mis muñecas y brazos y se extiende por todo mi cuerpo...»

Este método es muy válido e interesante para los ya iniciados.

Meditación con cristales

Ni relajación, ni filosofía ni modo de vida; la meditación trascendental es una técnica natural para la prevención del estrés y para la expansión de la percepción consciente, introducida en Estados Unidos en 1959 por el maestro indio yogui Maharishi Mahesh.

El término trascendental significa «que va más allá». Maharishi eligió este término para indicar que se trata de una técnica que espontáneamente lleva a quienes la practican más allá del nivel familiar de la consciencia de vigilia, hacia un estado de profundo descanso que va acompañado de una intensificación de la percepción.

Durante la meditación trascendental debemos dejar que nuestra mente experimente un estado de placentera relajación y orientar la atención hacia nuestro interior.

Somos conscientes de nuestros pensamientos, pero no de la manera en que se producen. Esta actividad inconsciente parece hacerse extensiva al complejo pensamiento lógico, porque, ¿cómo explicarnos, sino, la súbita comprensión o solución de un problema difícil que a veces se nos ocurre cuando menos lo esperamos? Incluso cuando nos parece que los procesos conscientes son totalmente responsables de nuestra actividad mental, es posible que nos equivoquemos; el verdadero trabajo del cerebro bien puede ser el que se efectúa silenciosamente.

Un pensamiento arranca desde el más profundo nivel de la consciencia y emerge a través de los distintos niveles de la mente, hasta aparecer finalmente en la superficie como pensamiento consciente. Pero hasta ese momento no lo apreciamos. Por eso decimos que, en el aspecto práctico, los niveles más profundos del océano de la consciencia son silenciosos.

La técnica de la meditación trascendental consiste en que la atención se dirija hacia el interior y se concentre fácilmente en un solo pensamiento. De este modo, la mente sigue manteniéndose activa.

Las personas que investigan el valor de la meditación trascendental empiezan a señalar que, posiblemente, ésta sea la manera más eficaz de que se dispone actualmente para reducir el estrés y restaurar la integridad psico-fisiológica.

Ejercicio con cristales de cuarzo

Actúe del mismo modo que con los ejercicios de relajación; lo primero es encontrar un lugar adecuado, estar bien despierto y haber hecho la digestión de los últimos alimentos.

Una vez colocado en posición de flor del loto ponga un cuarzo (preferentemente un cristal de roca) a la altura de los ojos y otro más en cada mano.

Haga los mismos ejercicios de inspiración, pausa y espiración que para la relajación. Continúe durante cinco minutos; previamente habrá seleccionado una frase sobre la que meditar; por ejemplo, si trata de encauzar un día repleto de actividad y en el que es probable que le afecte el estrés, dígase: «Hoy es mi día, nada me impedirá conseguir mis propósitos, me encuentro bien». Repita la frase lentamente durante cinco minutos.

Durante este lapso de tiempo debe «sentir» el cuarzo, es decir, mentalmente, haga recorrer la energía positiva de la piedra por todo su cuerpo. Insisto, «sienta» sus vibraciones positivas.

Mientras realiza la meditación, a intervalos de dos minutos aproximadamente, mire fijamente el cristal de cuarzo situado frente a sus ojos y trate de introducirse en él y sentirse parte del mismo: penetre en ese mundo fantástico que el cuarzo nos proporciona.

No se desanime, ejercítese hasta conseguir esa paz interior que redundará en su propio beneficio y hará posible que alcance las metas que se propone: nacerá una persona nueva.

Los chakras

Los chakras son puntos energéticos que gobiernan el cuerpo físico y regulan la absorción y el gasto de energía; el término significa «rueda» en sánscrito y hace referencia a la rueda de energía del cuerpo etéreo que da vida a una parte del cuerpo físico.

Los chakras en las personas no iniciadas o poco desarrolladas espiritualmente están cerrados o poco abiertos; cuando desarrollamos nuestro cuerpo etéreo, abrimos los chakras.

Las energías dirigidas a un chakra del cuerpo astral actúan igualmente sobre el cuerpo físico. Cuando el chakra se desarrolla, pasa de un estado de cerrazón (adormecido) a un estado de actividad; es capaz de funcionar con fuerza y realizar las funciones deseadas.

El estrés, los nervios y los estados emocionales extremos producidos por ansias de venganza, fobias, celos, envidias, orgullo descontrolado, etc. bloquean y desestabilizan el funcionamiento normal de estos centros de energía y de todo el organismo, con lo que se producen todo tipo de dolencias, tanto físicas como psíquicas.

Para reequilibrar el flujo de energía y poner en orden los diferentes chakras hay que abrirlos y ejercitarlos. Las piedras, por su propia energía vibratoria, nos ayudan, inducen y logran el efecto deseado. Los chakras, o puntos energéticos, son siete:

Chakra base, raíz, básico o radical

Está situado entre el ano y los genitales. Se relaciona con la supervivencia y la perpetuación del ser humano. Tonifica los riñones. Proporciona voluntad de vivir, valor y combatividad.

Le corresponde el color rojo (coral rojo, granate rojo, rubí, jaspe rojo, espinela roja, thulita, turmalina rubelita, ópalo de fuego, ágata roja, cuprita, tugtupita, tantalita, feldespato, aventurina).

Segundo chakra: chakra del sacro, sacral o del bazo

Situado encima del pubis, a la altura del bazo, algo más abajo del ombligo. Chakra de absorción de energía solar. Estimula la vida sexual. A través de este chakra reconocemos las emociones de otras personas y trasmitimos las nuestras.

Nos provoca alegría y ganas de vivir; es fuente de crecimiento y de creatividad.

Color naranja (ópalo, ágata cornalina, ámbar, crocoita, wulfenita, esfalerita, fluorita naranja, scheelita, feldespato naranja).

Tercer chakra: chakra del plexo solar

Se encuentra encima del ombligo y más abajo del esternón. Punto central de distribución de las energías psíquicas. Controla la intuición y la individualidad.

Le corresponde el color verde (malaquita, esmeralda, granate uva-rovita, olivino o peridoto, jade, ónice, williamsita, fluorita verde.

Cuarto chakra: chakra del corazón, cordial

Situado en el centro del cuerpo, a la altura del esternón, capta la corriente vital.

Una vez desarrollado, es el centro espiritual, centro del amor y de la compasión.

Regula el corazón y la circulación sanguínea.

Tiene la propiedad de inducir al amor, la tolerancia, la armonía y la paz interior.

Color rosa (rodocrosita, cuarzo rosa, rubelita, coral rosa, etc.).

Quinto chakra: chakra de la garganta o del cuello

Situado debajo de la nuez.

Tonifica los pulmones y las cuerdas vocales. Regula la linfa, la tiroides y el lenguaje. Se le llama el chakra de la comunicación.

Cuando se desarrolla nos acerca al arte (música, pintura, etc.) y estimula en nosotros la creatividad.

Color verde (esmeralda, crisoprasa, dioptasa, aventurina verde, etc.).

Sexto chakra: chakra del entrecejo, frontal o tercer ojo

Situado entre las cejas. Regula los procesos centrales.

Centro de la clarividencia y de la telepatía; vivifica el cerebro inferior (cerebelo).

Cuando se abre, desarrolla la sabiduría y la inteligencia.

Centro de la visión espiritual y de la intuición.

Color azul (zafiro, azurita, calcantita, aguamarina, topacio azul, etc.).

Séptimo chakra: chakra de la corona, de la coronilla, coronal

Situado en la parte posterior superior de la cabeza (coronilla).

Expresa la espiritualidad. Chakra del conocimiento puro.

Evolucionado, desarrolla la sabiduría del cuerpo causal, las intuiciones de la mente espiritual y el altruismo.

Color violeta (amatista, sugilita, fluorita, etc.).

Los minerales

Actinolita

Etimología: del griego *aktin* = rayo de sol y *lithos* = piedra

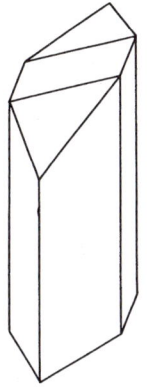

Propiedades físicas

• Raya: blanca
• Dureza: de 5 a 6
• Color: verde, gris verdoso, verde oscuro, verde esmeralda
• Exfoliación: perfecta
• Morfología: agregados radiales, cristales, fibras paralelas y granulares. Los cristales pueden ser aciculares, capilares y prismas largos.
• Transparencia: translúcida, no transparente
• Densidad: de 3,0 a 3,2
• Forma de los cristales:
• Sistema cristalino: monoclínico
• Génesis: metamórfico
• Paragénesis: aparece junto al talco, la serpentina, la epidota y la clorita.

Propiedades curativas y espirituales

Se utiliza desde la antigüedad para aliviar la epilepsia y las convulsiones. Por su color es utilizada para la concentración y la meditación y da buenos resultados en la relajación cromática. Tiene propiedades electomagnéticas. Indicada para los que sufren de calambres.

Abre el chakra de la corona.

Afinidad con los signos de Aries, Géminis, Leo, Virgo y Escorpio.

Ágata

Etimología: del nombre del río Achates, en el sur de Sicilia, donde, según Plinio, se encontró por primera vez

Propiedades físicas

• Raya blanca
• Dureza 6 a 7
• Color: gris azulado, gris, gris verdoso, gris blanquecino, rojizo
• Peso específico: de 2,60 a 2,65

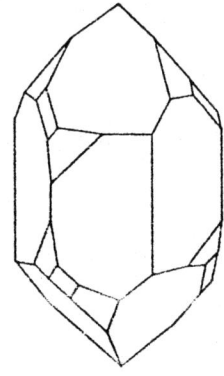

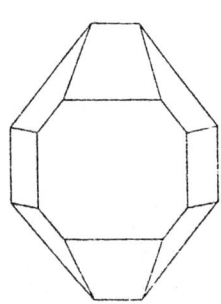

Textura en zonados concéntricos debido al crecimiento de la variedad microcristalina de la calcedonia

• Brillo: sedoso, mate, graso, vítreo
• Fractura: desigual, concoidea
• Exfoliación: carece de ella
• Morfología: estalactitas, costras, geodas, masas
• Sistema cristalino: romboédrico
• Índice de refracción: 1,54-1,55
• Birrefringencia: hasta + 0,006
• Paragénesis: aparece junto a las rocas volcánicas y en las zonas de oxidación de diferentes yacimientos minerales.

Existe muchas variedades de ágata. En general, y por ser de la familia del cuarzo, todas ellas son buenas para la absorción de energía negativa, pero cada una de ellas tiene sus aplicaciones específicas.

Carneola

Su coloración varía entre el rojo y miel; es adecuada para el tratamiento de la depresión y del decaimiento, para personas que de alguna forma necesitan que se les infunda actividad. Los introvertidos encontrarán en esta piedra una gran ayuda, pues se sentirán más seguros de sí mismos y romperán barreras antes insalvables. Eficaz en el tratamiento de la diabetes, de los trastornos cardíacos y del nerviosismo. Aleja las fuerzas negativas. Confiere paz y equilibrio espiritual. Se utiliza desde la antigüedad para curar y evitar el mal de ojo.

Es una piedra con un gran valor energético, indicada para enfermedades del hígado, vesícula y corazón. Da buenos resultados en el tratamiento de la artrosis. Favorece la concentración y la ampliación de la capacidad mental.

Abre y fortalece los chakras del corazón y del bazo.

Afinidad con los signos de Virgo, Libra, Escorpio y Capricornio.

Ágata musgosa

Ágata con inclusiones de hornblenda verde columnar, que se asemeja al musgo. Se utiliza en decoración y joyería por su gran belleza. La llamada piedra del hombre del campo (agricultor, ganadero, montañero, alpinista, etc.) protege de los accidentes propios de ese entorno. Amuleto utilizado desde la antigüedad contra las picaduras de escorpiones, arañas, etc.

Abre los chakras del bazo y basal.

Afinidad con los signos de Tauro, Géminis, Cáncer, Leo, Virgo, Escorpio y Piscis.

Ágata dendrítica

Ágata con inclusiones de hierro y manganeso, que le dan un aspecto de ramas y árboles con apariencia de fósiles, pero que son minerales. También recibe el nombre de piedra de mocha o moka. Amuleto de artistas y creadores.

Abre y fortalece los chakras de la cabeza y del entrecejo.

Afinidad con los signos de Géminis, Cáncer, Leo, Virgo, Escorpio, Capricornio, Libra y Piscis.

Ágata fuego

Roja o marrón. Atrae la buena suerte en asuntos relacionados con el amor y las pasiones. De gran poder vibratorio, equilibra y favorece la introspección. Recomendable para meditar.

Abre los chakras de la garganta, bazo y plexo solar.

Afinidad con los signos de Tauro, Géminis, Cáncer, Leo, Libra Virgo, Escorpio, Capricornio y Piscis.

Aguamarina

Etimología: del latín *aqua* = agua y *marina* = marina, debido a su color

Propiedades físicas
- Berilo azul
- Raya: blanca
- Dureza: de 7,5 a 8

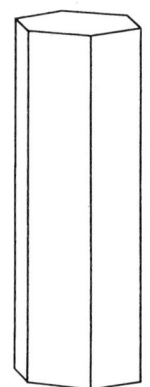

• Variedades: incoloro (goshenita), amarillo pálido (heliodoro), verde (esmeralda), rojo (bixbita), rosa (morganita), azul (bazzita)
• Transparencia: de transparente a translúcido
• Exfoliación: imperfecta
• Fractura: concoidea y desigual
• Morfología: agregados granulares, cristales en forma de prisma hexagonal y columna larga
• Peso específico: de 2,67 a 2,71
• Índice de refracción: 1,577-1,583
• Birrefringencia: – 0,006
• Pleocroísmo: medio, casi incoloro, azul claro, azul-azul
• Sistema cristalino: hexagonal
• Génesis: pegmatitas, yacimientos hidrotermales y metamórficos.
• Paragénesis: se encuentra junto a la ortosa (feldespato), el cuarzo, la casiterita, el topacio, la turmalina, el silicato de aluminio y el berilo.
• Yacimientos: son abundantes. Se encuentran en Irlanda del Norte, Italia (isla de Elba), en la antigua Unión Soviética, Namibia, Madagascar, Zimbabwe, Tanzania, Kenia, Sri Lanka, India, Estados Unidos, Australia, Pakistán, Afganistán, etc. Las minas más importantes del mundo están situadas en Brasil (Minas Gerais, Bahía, Esperito Santo)
• Posibles confusiones: con la fluorita: dureza 4, peso específico 3,18, índice de refracción 1,434; con la turmalina: dureza de 7 a 7,5, peso específico 3,05, índice de refracción 1,620-1,638, y con la jadeita: dureza de 6,50 a 7, peso específico 3,33 e índice de refracción 1,65 a 1,67. Debe su color al cromo. Su espectro de absorción es muy parecido al de la esmeralda.
• Usos: como gema.

La variedad de berilo de color azul (aguamarina) es, junto con el zafiro, el rubí y la esmeralda, una de las piedras de color más apreciadas por su rareza y belleza.

El conocimiento a fondo de las inclusiones permite diferenciar una piedra natural de otra sintética o de las imitaciones. Estas inclusiones varían según el yacimiento de donde proceden los ejemplares.

Propiedades curativas y espirituales

Es la piedra de los marinos y viajeros, y un amuleto muy utilizado por las personas con fobia a los viajes en avión o barco.

Decía Alberto Magno que llevar consigo una aguamarina hace que el hombre sea comedido y tenga buenas maneras.

Hermes Trismegisto, filósofo egipcio, afirma que hace feliz y rico a quien la lleva.

El aguamarina refuerza el campo magnético y trae buena suerte. Aporta felicidad y bienestar a quien la lleva. Dicen que provoca la sonrisa y la alegría. Ayuda a conservar la pureza de espíritu.

El aguamarina es una gran estabilizadora, por lo que ayuda a las personas con dificultades de expresión y facilita el diálogo.

Ayuda a conseguir claridad mental, calma e inspiración espiritual. Simboliza el amor feliz.

Es adecuada para superar los estados depresivos y melancólicos. Se aconseja en aquellos casos en que la salud se ve afectada por las tensiones y el estrés. Trae la paz y el sosiego.

Fortalece el sistema nervioso central, el hígado, los riñones y el bazo.

Cura las impurezas de la piel. Es útil en caso de problemas oculares.

Es eficaz en el tratamiento de la anemia.

Indicado para dolores de nuca, mandíbulas y dientes, así como para afecciones de garganta.

Abre los chakras del entrecejo, del plexo solar y del bazo.

Afinidad con los signos de Aries, Tauro, Géminis, Cáncer, Leo, Virgo, Libra, Acuario y Piscis.

Alejandrita

Etimología: del zar Alejandro II

Propiedades físicas

• Variedad de crisoberilo
• Dureza: 8,5

A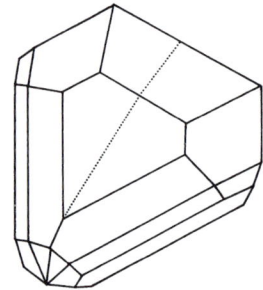

- Color: verde claro, amarillo, verde esmeralda, verde oscuro, verde pardo
- Transparencia: de transparente a translúcida
- Brillo: vítreo, graso
- Exfoliación: buena
- Fractura: concoidea
- Sistema cristalino: ortorrómbico
- Morfología: frecuentes maclas, prismas cortos
- Peso específico: de 3,70 a 3,72
- Índice de refracción: 1,744-1,755
- Birrefringencia: + 0,015
- Génesis: rocas metamórficas y pegmatitas

La característica más importante de la alejandrita es que cambia de color: expuesta a la luz natural se presenta de un color verde o verde esmeralda y a la luz artificial es de rojo frambuesa a violácea.

El «ojo de gato» es una variedad de alejandrita llamada cimofana que se presenta en color amarillo oro, con una raya luminosa en blanco plateado.

Propiedades curativas y espirituales

Acrecienta la inteligencia y la habilidad en general. Es útil para combatir las afecciones oculares, artrosis. Antiguamente se llevaba en una bolsita de cuero amarillo para prevenir vértigos y mareos.

Incrementa el sentido de lo racional y estructural. Estimula las virtudes propias del hemisferio izquierdo del cerebro. Es útil en caso de pérdida de cabello.

Proporciona equilibrio mental, espiritual y físico.

Abre y estimula los chakras: basal, del corazón y de la garganta.

Afinidad con los signos de Tauro, Cáncer, Virgo, Sagitario, Capricornio, Escorpio, Acuario, Libra y Piscis.

Amazonita

Etimología: del río Amazonas

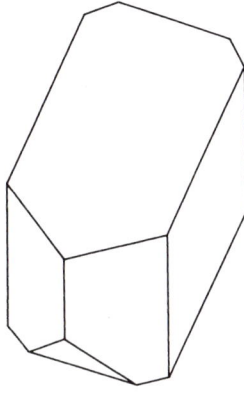

Propiedades físicas

• Pertenece al grupo del feldespato.
• Color: verde, verde azulado. El color verde desaparece al calentar el mineral.
• Dureza: de 5 a 6,5
• Peso específico: 2,56 a 2,58
• Exfoliación: perfecta
• Fractura: desigual
• Transparencia: opaca
• Brillo: vítreo, nacarado
• Índice de refracción: 1,54 – 1,55
• Birrefringencia: hasta + 0,006 – 0,008
• Sistema cristalino: triclínico
• Morfología: prismas cortos, tablillas, maclas

Propiedades curativas y espirituales

Especialmente indicada para personas que sufren desequilibrios nerviosos. Es un buen amuleto para los que tienen la responsabilidad de llevar a otras personas en vehículos, es decir: conductores de trenes, taxis, autobuses, barcos, aviones, etc.

Es útil para el tratamiento del reuma, de los dolores en las articulaciones y del lumbago.

También es adecuada para eliminar la ansiedad y los miedos de carácter general, la inseguridad y el nerviosismo. Estimula el fortalecimiento del sistema inmunológico. En la antigua India se regalaba para demostrar cariño y afecto.

Abre y fortalece los chakras del entrecejo, de la cabeza, del bazo y de la garganta.

Afinidad con los signos: Leo, Acuario, Sagitario, Capricornio, Libra, Tauro, Virgo, Escorpio y Aries.

Ámbar

Etimología: del árabe *anbar* = ámbar gris

- Sistema cristalino: amorfo
- Índice de refracción: 1,54
- Monorrefringente

Propiedades físicas
- Resina fósil. Cuarenta y cinco millones de años, aproximadamente
- Dureza: de 2 a 2,5
- Color: naranja, blanco amarillento, amarillo miel, marrón. Con gran cantidad de inclusiones de pino, insectos, etc.
- Transparencia: de translúcido a transparente
- Fractura: concoidea
- Exfoliación: carece de ella

Propiedades curativas y espirituales
Desde tiempos prehistóricos se ha utilizado como objeto de adorno y de culto. Solía llevarse a modo de colgante.

En el cuerpo humano, favorece las funciones del aparato digestivo. Piedra equilibradora, apaciguadora y clarificadora del pensamiento. Es útil para combatir los tics nerviosos, los dolores de cabeza, las migrañas, las cefaleas, etc.; también para la artrosis, las taquicardias y las palpitaciones.

En forma de collar, se utiliza para mitigar el bocio y el dolor de amígdalas.

Decía Plinio que el ámbar, triturado y mezclado con miel, era ideal para los dolores de oído. Indicado para el tratamiento de los catarros de pecho, de la epilepsia y de las convulsiones. Amuleto muy popular en los países nórdicos para prevenir las pesadillas y los miedos nocturnos.

Abre los chakras de la cabeza, de la garganta y del plexo solar.

Afinidad con los signos de Libra, Cáncer, Virgo, Leo, Capricornio, Sagitario, Tauro, y Acuario.

Ambligonita

Etimología: del griego *amblys* = obtuso y *gonia* = ángulo

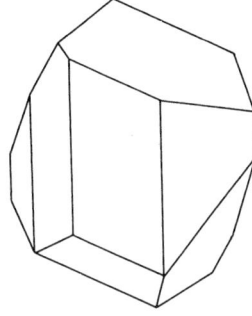

Propiedades físicas

• Fluofosfato de aluminio y litio. El flúor se puede sustituir por el grupo OH, tal como sucede con el topacio. Sensible a los ácidos y al calor.
• Dureza: 6
• Brillo: vítreo y perlado en las superficies de exfoliación
• Color: de blanco a verde pálido azul; rara vez amarillo oro o incoloro
• Transparencia: de transparente a translúcida
• Exfoliación: basal perfecta
• Fractura: desigual y frágil
• Peso específico: de 3,1 a 3,4
• Génesis: la ambligonita es un mineral de rocas pegmatitas.
• Yacimientos: Brasil (Minas Gerais y Sao Paulo), Estados Unidos, Sajonia, Francia, Namibia, España (Cáceres).

Los cristales son generalmente de incoloros a blancos. Los cristales amarillos son menos frecuentes, pero es esta variedad la que normalmente se talla como gema para aquellos coleccionistas que gustan de piedras raras. La ambligonita se emplea para obtener sales de litio.

Propiedades curativas y espirituales

Es la llamada piedra de la indulgencia.

Está indicada para las personas que se preocupan demasiado de los demás, aquellas que no saben decir que no y se extralimitan en sus servicios.

Es recomendable para el tratamiento de afecciones de riñones y de páncreas.

Favorece la calma y el equilibrio físico.

Abre y fortalece los chakras de la cabeza y basal.

Afinidad con los signos de Tauro, Géminis, Cáncer, Leo, Libra, Virgo, Escorpio, Capricornio, Acuario y Piscis.

Analcima

Etimología: del griego *analkis* = débil

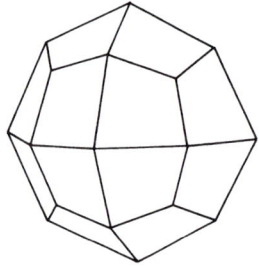

Propiedades físicas

- Silicato de sodio y aluminio
- Dureza: de 5 a 5,5
- Brillo: mate, vítreo
- Color: rojizo, gris, blanco, amarillo
- Fractura: concoidea desigual
- Exfoliación: muy imperfecta
- Densidad: de 2,3 a 2,4
- Sistema cristalino: cúbico
- Morfología: cristales trapezoédricos
- Génesis: sedimentaria e hidrotermal
- Paragénesis: aparece junto a la calcita y a las zeolitas.
- Yacimientos: Italia, Alemania, Bohemia, Islandia, Gran Bretaña, España

Propiedades curativas y espirituales

Su posesión desarrolla la misericordia y la paz interior.

Es apropiada para el tratamiento de las afecciones de hígado, de los gases intestinales y de los cálculos renales.

Se recomienda para el tratamiento de oído, vértigos, mareos.

En la Edad Media se enviaba anónimamente a los nobles que se caracterizaban por su tiranía y mala administración.

Indicada para sanar la impureza interior y contra los cambios bruscos de humor. Desarrolla la ternura, la dulzura, el altruismo, etc.

Ayuda a crecer espiritualmente.

Abre y estimula los chakras de la cabeza, del entrecejo y del corazón.

Afinidad con los signos de Aries, Leo, Géminis, Capricornio, Tauro, Piscis, Acuario, Sagitario y Libra.

Andalucita

Etimología: de la región de Andalucía, donde fue descubierta

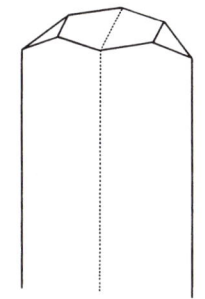

Propiedades físicas
• Silicato de aluminio
• Dureza: 7,5
• Brillo: vítreo, graso, mate
• Color: rojo, verde, verde amarillento, verde pardo, marrón rojizo
• Exfoliación: imperfecta y poco patente
• Fractura: desigual
• Peso específico: de 3,1 a 3,3
• Transparencia: transparente, translúcida, opaca
• Morfología: generalmente prismático, con prismas de sección cuadrada rematados por pinacoide. Intenso tricroísmo.
• Génesis: rocas metamórficas y pegmatitas.
• Paragénesis: aparece junto al cuarzo, el rutilo, la turmalina, el granate, la espinela, etc. La mayoría de los ejemplares se encuentran en forma de cantos rodados en placeres pluviales.
• Posibles confusiones: muy raramente puede confundirse con turmalinas, debido al intenso dicroísmo que éstas muestran. Sin embargo, la sección triangular abombada y las estrías longitudinales son inconfundibles.
• Yacimientos: España, Alemania, Brasil, Austria y Estados Unidos
• Usos: materiales incombustibles y resistentes a los ácidos. En ocasiones se usa como piedra preciosa.

Propiedades curativas y espirituales
Es la llamada piedra del coraje.

En la antigua Esparta se repartían piedras de andalucita entre los soldados antes de entrar en combate. Recomendada para los que sufren de ausencias, amnesia y problemas de memoria.

Calma la irritación. Indicada para aquellos que se sienten al límite de la resistencia física, psíquica y espiritual o en estado de extrema desesperación.

Eficaz para el tratamiento de dolores de cabeza, migrañas, etc.

Abre y fortalece los chakras de la cabeza, del corazón y basal.

Afinidad con los signos de Leo, Acuario, Géminis, Tauro, Capricornio y Virgo.

Ankerita

Etimología: del minera-logista austríaco M. J. Anker (1771-1843)

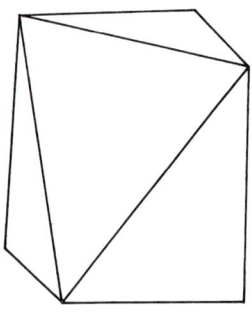

Propiedades físicas
• También llamada espato o dolomita ferrífera
• Raya: blanca
• Dureza: de 3,5 a 4
• Color: gris, amarillo, pardo, blanco
• Transparencia: de transparente a opaca
• Densidad: de 2,9 a 3,8
• Exfoliación: perfecta
• Fractura: concoidea, frágil
• Sistema cristalino: romboédrico

Propiedades curativas y espirituales
Los griegos ya la utilizaban como estabiliza-dor amoroso; regalar a la mujer amada un fragmento de ankerita blanca era demostración de un amor puro y sincero.

Es una piedra que, por su energía vibratoria positiva, es muy apre-ciada en el hogar, ya que ayuda a las personas que viven a su alre-dedor a ser más felices.

Abre y fortalece los chakras basal y de la garganta.

Afinidad con los signos de Tauro, Géminis, Cáncer, Leo, Virgo, Escorpio, Capricornio, Libra

y Piscis.

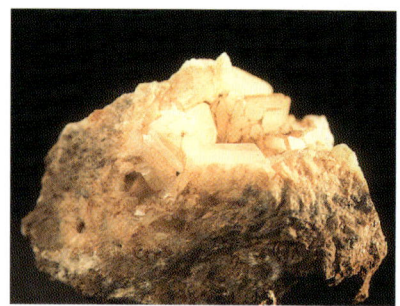

Apatito

Etimología: del griego
apaté = engaño

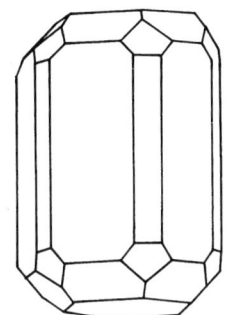

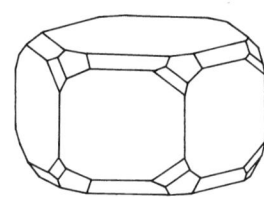

Propiedades físicas
• Color: blanco, amarillo verdoso, verde, azul-verde, violeta, rojo, pardo rojizo
• Dureza: 5 en la escala de Mohs
• Raya: de blanca a gris amarillenta
• Exfoliación: imperfecta
• Fractura: concoidea, frágil
• Transparencia: transparente
• Índice de refracción: de 1,644 a 1,709
• Sistema cristalino: hexagonal
• Brillo: vítreo
• Morfología: cristales con forma de prismas alargados con bipirámide; muy pocas veces cortos o tabulares y algunas con pinacoides. En algunas ocasiones las caras del prisma aparecen estriadas longitudinalmente y las aristas y vértices, redondeados. Dicroísmo marcado.
• Génesis: yacimientos hidrotermales, sedimentarios y rocas magmáticas.
• Posibles confusiones: puede confundirse con berilos y cuarzos, ya que el hábito es semejante. Pero los cristales de berilo se diferencian por el color, su mayor dureza y las terminaciones en pinacoide y los cuarzos tienen estrías transversales, mayor dureza y terminaciones en romboedros.
• Yacimientos: Birmania, México, Brasil, Sri Lanka, India y Madagascar
• Usos: en la industria química, para la fabricación de lubricantes artificiales, y como gema.

Propiedades curativas y espirituales
Se recomienda utilizar el apatito para ayudarse en la meditación; la piedra se coloca en el entrecejo.
Se conoce como piedra de la sinceridad. En la Edad Media era habitual regalar pequeños puñales adornados con piedras de apati-

A

to, que relucían con su color amarillo dorado y convertían el arma en una joya. En la actualidad es un amuleto que se utiliza típicamente para sellar lazos de amistad sincera.

Está indicada para el tratamiento de la artritis. Es recomendable para las personas que sufren de insomnio.

Alivia las afecciones de la garganta y las relacionadas con la voz. Aplicando una piedra de apatito a una zona reumática se aliviará el dolor, decía Alfonso X el Sabio en su libro *El lapidario*.

Abre los chakras de la cabeza y el bazo.

Afinidad con los signos de Tauro, Cáncer, Leo, Virgo, Libra y Piscis.

Aragonito

Etimología: de Molina de Aragón, donde fue descubierto

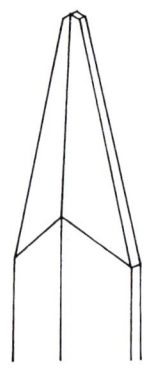

Propiedades físicas
• Color: blanco, amarillo, pardo, rojizo
• Dureza: de 3,5 a 4
• Transparencia: de transparente a translúcido
• Índice de refracción: de 1,530 a 1,685
• Fractura: concoidea
• Exfoliación: imperfecta
• Brillo: vítreo, mate
• Sistema cristalino: rómbico
• Morfología: aparece en cristales aciculares (prismas largos terminados en bipirámide muy alargada y otro prisma), tabulares (dos prismas y un pinacoide) y maclas cíclicas de aspecto pseudohexagonal. Estas maclas se presentan en prismas de sección hexagonal terminados en un tercer pinacoide, formado por la interpenetración de tres cristales maclados con el tercer pinacoide común. Las maclas cíclicas presentan estrías en tres direcciones, en el pinacoide y en los ángulos entrantes.

• Exfoliación: manifestamente imperfecta, paralela a la cara de prisma y al pinacoide

• Génesis: se encuentra como precipitación calcárea en fuentes termales en forma de costras o estalactitas, frecuentemente en estratos con bandas onduladas.

• Posibles confusiones: con la calcita, aunque tiene menor dureza, pertenece al sistema romboédrico y presenta una exfoliación paralela a la cara del romboedro, y con la macla cíclica del crisoberilo, que está compuesta por bipirámide y a veces tiene aspecto estrellado.

• Yacimientos: España, Austria, Italia, Francia, Gran Bretaña, etc.

• Usos: como piedra decorativa

Propiedades curativas y espirituales

El aragonito es la piedra indicada para personas de una timidez acusada, personas incapaces, por diferentes motivos, de relacionarse. La posesión de un trozo de este mineral confiere a quien lo lleva una fuerza y capacidad de decisión asombrosa.

Es una piedra que proporciona paz y sosiego.

Indicada para el tratamiento de trastornos cardíacos y oculares.

Abre el chakra de la corona.

Afinidad con los signos de Tauro, Leo, Piscis, Capricornio, Escorpio, Virgo y Sagitario.

Atacamita

Etimología: de *Atacama,* provincia del norte de Chile

Propiedades físicas

• Halogenuro de cobre
• Dureza: de 3 a 3,5
• Brillo: de vítreo a diamantino
• Color: verde, verde oscuro, verde negruzco
• Exfoliación: buena
• Fractura: concoidea
• Transparencia: de translúcida a transparente
• Densidad: 3,77

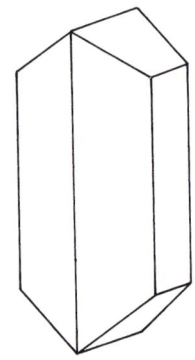

• Sistema cristalino: ortorrómbico
• Forma de los cristales: tabulares, prismáticos, isométricos
• Génesis: rocas secundarias, en fumarolas
• Paragénesis: junto a la cuprita, el cobre, la limonita, la malaquita, etc.
• Yacimientos: Namibia, México, Australia, Italia (Vesubio) y Chile

Propiedades curativas y espirituales

La atacamita es considerada la piedra de la indulgencia.

Indicada para los que se ven afligidos por un sentimiento de inferioridad y por la falta de confianza en sí mismos.

Recomendable en afecciones oculares; ejerce una acción eficaz contra la fiebre.

Aumenta la energía creativa de quien la lleva.

Ahuyenta las energías negativas y atrae las positivas, además de proporcionar equilibrio psíquico y físico.

Eficaz ayuda para la meditación.

Aplaca la ira y ahuyenta la melancolía. Se recomienda para olvidar el pasado.

Abre y fortalece los chakras basal, del plexo solar y de la garganta.

Afinidad con los signos de Aries, Géminis, Leo, Libra, Sagitario, Acuario y Piscis.

Aventurina

Etimología: del italiano *venturina* = ventura

Propiedades físicas
• Color: verde, pardo dorado, irisado
• Dureza: 7
• Exfoliación: carece de ella

- Fractura: astillosa, concoidea
- Peso específico: 2,65
- Transparencia: opaco, translúcido
- Índice de refracción: 1,544-1,553

Es una variedad del cuarzo encontrada por casualidad, de ahí su nombre.

Debe sus irisaciones a las inclusiones de mica fuchsita.

Propiedades curativas y espirituales

Se le atribuye poder para absorber las energías negativas. Indicado para las personas que sufren de estrés, nervios y decaimiento por exceso de trabajo o enfermedad. Es, por sus propiedades, una piedra que propicia el equilibrio entre la mente y el cuerpo.

Beneficiosa en caso de trastornos urinarios, de la próstata, hemorroides, diabetes, insomnio, desasosiego y neurosis.

Recomendada para personas que tienen miedo a hundirse, a perder el control o a perder la razón. Es útil para afrontar el miedo a cometer actos incontrolados.

Abre el chakra del bazo.

Afinidad con los signos de Aries, Libra, Capricornio, Sagitario, Géminis, Tauro y Escorpio.

Azabache

Etimología: del árabe *as-saby*

Propiedades físicas

Se trata de una madera negra fósil, alterada química y físicamente por distintos agentes a lo largo del tiempo. Tuvo una gran aceptación en la Inglaterra victoriana como adorno en joyería y amuleto. No cristaliza, sino que se presenta en capas de 2 a 4 cm de espesor.

- Dureza: 2,5
- Peso específico: 1,33
- Fractura: concoidea
- Color: negro

• Índice de refracción: 1,66
• Brillo: vítreo
• Transparencia: opaco

Propiedades curativas y espirituales

El azabache ha estado y estará presente en todos los talismanes: es una pieza clave por su alto poder energético y vibratorio.

De origen orgánico, el azabache se ha utilizado en magias y hechizos desde que el hombre existe.

Es un magnífico protector contra el mal de ojo, los hechizos, etc.

Es conveniente llevarlo junto a un cristal de cuarzo en una bolsita de cuero negro, de este modo atrae todo tipo de venturas.

Indicado para el tratamiento de gota, y también para los que sufren de insomnio.

Abre y fortalece el chakra del corazón.

Afinidad con los signos de Aries, Tauro, Géminis, Sagitario, Capricornio y Piscis.

Azurita

Etimología: de *azur*

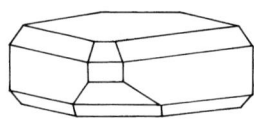

Propiedades físicas
• Color: azul
• Dureza: de 3,5 a 4
• Transparencia: transparente a opaco
• Exfoliación: perfecta
• Fractura: concoidea, desigual, frágil
• Brillo: vítreo
• Sistema cristalino: monoclínico
• Forma de los cristales: prismas, tablillas
• Índice de refracción: 1,730 a 1,838
• Peso específico: de 3,7 a 3,9
• Paragénesis: aparece junto a la malaquita en agregados terrosos, dando lugar a la azur-malaquita.

Propiedades curativas y espirituales

Antiguamente se utilizaba para fortalecer el cerebro, porque incrementa la materia gris. Es la piedra de la memoria: llevada a modo de colgante, la azurita es como un continuo recordatorio, es por tanto, muy indicada para las personas que tienen una memoria frágil.

Se dice de esta piedra que proporciona coraje, seguridad y protección mental.

Cura el nerviosismo, estimula el apetito. Indicada para el tratamiento de la gastritis, la tos, el reuma y el estreñimiento.

Indicada para las personas dominantes, autoritarias e inflexibles que quieren imponerse siempre a todo y a todos.

Abre los chakras del corazón, de la corona y sacral.

Afinidad con los signos de Aries, Virgo, Tauro, Cáncer, Libra, Escorpio, Capricornio y Sagitario.

Baritina

Etimología: del griego *barys* = pesado

Propiedades físicas
• Sulfato de bario
• Dureza: de 3 a 3,5
• Brillo: nacarado, vítreo
• Color: blanco, incoloro, gris, azulado, amarillo, rojo, pardo
• Exfoliación: excelente
• Fractura: concoidea
• Transparencia: transparente, translúcida
• Densidad: 4,9
• Sistema cristalino: ortorrómbico
• Morfología: cristales en tablillas, raramente prismas, maclas, agregados radiales
• Génesis: rocas sedimentarias, secundarias e hidrotermales
• Paragénesis: aparece junto a la calcita, la fluorita, el cuarzo, la magnetita, la galena, etc.

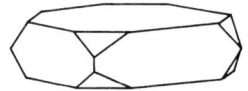
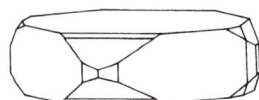
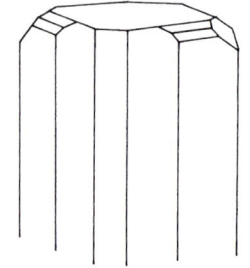

• Yacimientos: Alemania, Gran Bretaña, Rumania, Canadá, Francia, Rusia, Estados Unidos, Argelia, México, España

• Usos: mena de bario, industrias químicas y del caucho. Los cristales de mayor belleza se emplean como piedras decorativas.

Propiedades curativas y espirituales

Facilita el entendimiento en el amor. Para contrarrestar estados negativos opuestos al amor: celos, envidias, resentimientos.

Ayuda a las personas con sensación de desaliento y desesperanza profunda.

Eficaz en los tratamientos contra el insomnio.

Desarrolla la imaginación. Alivia el estrés y la depresión.

De gran utilidad en cualquier situación de crisis de urgencia emocional.

Es igualmente útil cuando la persona se siente sobrepasada o abrumada por la vida cotidiana o el dolor.

Abre y fortalece los chakras de la cabeza, del entrecejo y del corazón.

Afinidad con los signos de Tauro, Géminis, Cáncer, Leo, Virgo, Escorpio, Capricornio, Libra y Piscis.

Blenda

Etimología: del alemán *blenda* = engaño

Propiedades físicas

• También llamada esfalerita

• Color: pardo, de claro a oscuro, amarillento, rojo, pardo rojizo, verde, amarillo verdoso

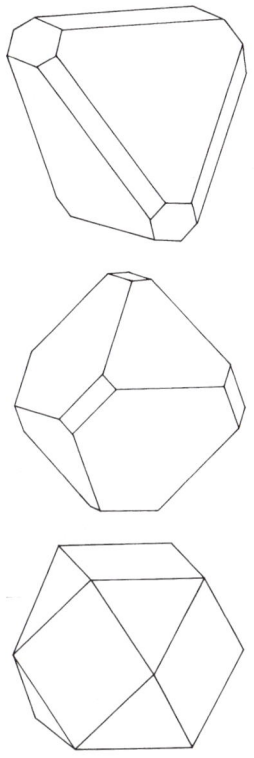

• Dureza: de 3,5 a 4
• Transparencia: de transparente a opaca
• Brillo: vítreo
• Exfoliación: excelente
• Fractura: desigual, frágil
• Sistema cristalino: cúbico
• Índice de refracción: de 2,368 a 2,371
• Génesis: rocas magmáticas, pegmatitas y sedimentarias
• Morfología: a menudo aparece en cristales semi-implantados, principalmente tetraedros y rombododecaedros y, por combinación de dos tetraedros, cristales pseudooctaédricos (combinación de cubo, octaedro y tetraedro). También se da el crecimiento de maclas poli-sintéticas. Las caras son estriadas. Presenta planos de exfoliación con brillo diamantino y también estrías formando triángulos.
• Posibles confusiones: puede confundirse con el granate, pero la blenda tiene una dure-za menor, un brillo diferente (resinoso dia-mantino) y unas caras de exfoliación que no presenta el granate. La blenda es hemiédrica y el granate es holoédrico.
• Yacimientos: Alemania, Bohemia, Suiza, España, Austria, etc.
• Usos: es la mena más importante del cinc. Algunas esfaleritas de color claro y transparente o translúcidas son talla-das en facetas o en cabujón para coleccionistas.

Propiedades curativas y espirituales
Se dice de esta piedra que protege contra los naufragios y los peligros del mar. Desde tiempos remotos se la utili-za para evitar la caída del rayo sobre las personas.

Está indicada para los que sufren de estreñimiento.

Es recomendable para el tratamiento de afecciones pulmonares, asma, desasosiego, problemas renales, miedo, neurosis y locura.

Abre el chakra del bazo, del corazón y de la garganta.

Afinidad con los signos de Acuario, Sagitario, Escorpio, Libra, Leo, Géminis, Aries y Tauro.

Calcedonia

Etimología: de Calcedonia, antigua ciudad de Bitinia

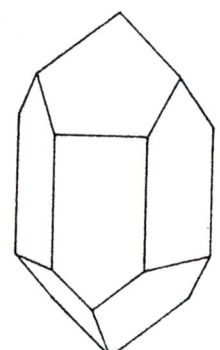

Propiedades físicas
• Variedad microcristalina del cuarzo
• Color: gris verdoso, gris blanquecino, azulada
• Exfoliación: carece de ella
• Transparencia: tránslucida
• Fractura: desigual, concoidea
• Sistema cristalino: romboédrico
• Génesis: rocas post-volcánicas, sedimentarias y costras de alteración
• Índice de refracción: de 1,530 a 1,539.

Propiedades curativas y espirituales
La calcedonia es el símbolo de la caridad y del amor maternal.

Se utiliza mucho en gemoterapia poque absorbe las energías negativas. Da buenos resultados como sedante y en el tratamiento de estados febriles y de la epilepsia. Es eficaz en la disolución de cálculos renales y en la recuperación de enfermedades mentales. Muy indicada para los estados de melancolía.

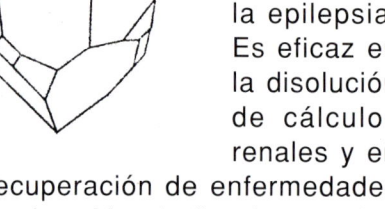

Da coraje y fluidez en el lenguaje y también fortalece la voz.

De antiguo se le atribuye el poder de ayudar a ganar pleitos y procesos legales.

Abre el chakra del entrecejo.

Afinidad con los signos de Piscis, Sagitario, Escorpio, Libra, Virgo, Cáncer y Aries.

Calcita

Etimología: del latín *calx* = cal

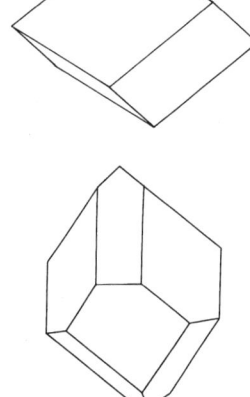

Propiedades físicas

• Espato de calcio

• Color: incolora, blanca, parda, amarilla, azulada, rojiza

• Transparencia: de transparente a opaca

• Fractura: concoidea

• Exfoliación: perfecta

• Densidad: 2,6 a 2,8

• Sistema cristalino: romboédrico

• Génesis: aparece en yacimientos hidrotermales, sedimentarios, metamórficos y magmáticos. Es un mineral generador de muchas rocas.

• Morfología: la calcita es el mineral más rico en formas (más de 1000 combinaciones).

Fundamentalmente tiene tres hábitos:

–prismático: prismas cortos o largos rematados por pinacoide o por romboedro

–romboédrico: romboedros obtusos o agudos

–escalenoédrico: escalenoedros, frecuentemente con caras de prisma y truncaduras romboédricas

También adopta las formas lenticular, acicular, tabular, radial, reniforme y compacta.

Suelen ser cristales bien conformados, en ocasiones con las aristas redondeadas. En los colores claros se puede apreciar la doble refracción. El brillo es vítreo y en los planos de exfoliación es más intenso y con irisaciones.

• Posibles confusiones: puede confundirse con el cuarzo y con las maclas cíclicas pseudohexagonales del aragonito. Pero el cuarzo presenta estrías transversales y es mucho más duro, no se exfolia. El aragonito presenta estrías longitudinales, ángulos entrantes y no se exfolia.

• Yacimientos: México, Estados Unidos, España, Italia, etc.

• Usos: óptica, fabricación de cemento, construcción, metalurgia, decoración y manufactura de objetos de arte. Alguna variedad puede ser tallada como gema.

Propiedades curativas y espirituales

La calcita es un purificador de todo cuanto está a su alrededor. Se utiliza como objeto de decoración, ya que ejerce en la casa una acción depuradora. Los árabes ya colocaban fragmentos y geodas sobre los hornos de las casas para atraer la buena suerte, la paz y la felicidad al hogar.

La calcita está indicada en los estados depresivos.

Como componente principal del mármol, es la piedra con más sentido religioso que existe, ya que el mármol es la roca más utilizada en templos, altares, etc.

Abre y fortalece el chakra basal.

Afinidad con los signos de Piscis, Capricornio, Escorpio, Virgo, Cáncer, Tauro y Acuario.

Calcopirita

Etimología: del griego *chalkós* = cobre y *pyr* = fuego

Propiedades físicas

• Sulfuro de cobre
• Dureza: de 3,5 a 4
• Color: amarillo oro, amarillo latón irisado
• Exfoliación: imperfecta
• Fractura: desigual, concoidea
• Brillo: metálico
• Transparencia: opaca

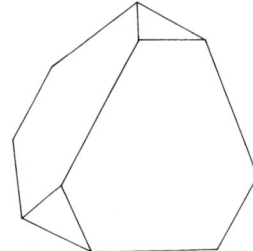

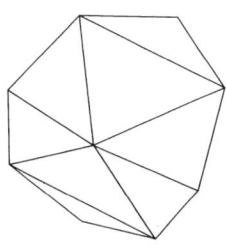

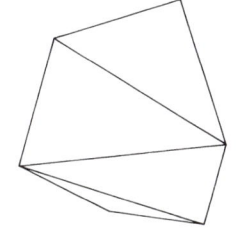

• Morfología: aparece en cristales y agregados granulares.

• Génesis: rocas magmáticas, yacimientos hidrotermales y rocas sedimentarias.

• Yacimientos: abundantes. Alemania, Gran Bretaña, España (Río Tinto), Bohemia, Noruega, Suecia, Chile, Francia, Estados Unidos, Australia, etc.

Propiedades curativas y espirituales

La calcopirita está indicada para los que sufren de gota. Combinada con un trozo de cardo, es un remedio infalible para las hemorroides, fístulas y escoceduras.

Se recomienda a los afectados de hernia.

Cura la ictericia, la debilidad, la tuberculosis y las enfermedades del bazo.

Abre los chakras del sacro y del corazón.

Afinidad con los signos de Acuario, Sagitario, Libra, Leo, Géminis, Aries y Piscis.

Casiterita

Etimología: del griego *kassíteros* = estaño

Propiedades físicas

• Bióxido de estaño
• Dureza: 7
• Brillo: metálico, diamantino
• Color: pardo, negro, gris, amarillo
• Exfoliación: imperfecta
• Fractura: concoidea

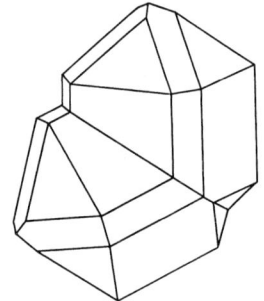

• Transparencia: translúcido u opaco
• Densidad: de 6,8 a 7
• Sistema cristalino: tetragonal
• Morfología: cristales bipiramidales, prismáticos, maclas
• Génesis: rocas pegmatitas, yacimientos hidrotermales y aluviones
• Paragénesis: aparece junto a la wolframita, la shelita, la fluorita, el topacio, etc.
• Yacimientos: Alemania, antigua Checoslovaquia, Gran Bretaña, Estados Unidos, Francia, Australia, Bolivia, México, etc.
• Usos: la casiterita es la principal mena del estaño. El uso metalúrgico principal del estaño es el revestimiento o estañado de metales, especialmente del hierro, para la fabricación de lo que se conoce como hojalata. El estaño con plomo se emplea en revestimientos de estaño emplomado; soldaduras con antimonio y cobre en el metal de Babbitt, así como en soldaduras de campanas con cobre y metal.

El óxido de estaño artificial se emplea como polvo para pulir.

Algunas veces aparecen cristales de color pardo rojizo y transparentes, que se tallan en forma de piedra preciosa; tienen interés sólo para coleccionistas.

• Posibles confusiones: Puede confundirse con el diamante pardo, el circón pardo o la esfena. La principal diferencia es su gran peso específico (6,95); del diamante se diferencia por su refracción doble; del circón, por las típicas líneas de absorción, y de la esfena, por la ausencia de dicroísmo o por su mayor fragilidad.

Propiedades curativas y espirituales

Simboliza la espiritualidad.

Es recomendable para el tratamiento de muchas afecciones y dolencias gástricas.

Se dice de esta piedra que es fuente de inspiración para los escritores y artistas en general.

Disipa el dolor, el miedo, la pesadumbre y la pasión melancólica.

Aumenta la voluntad de amar y hace renacer la atracción romántica.

Circón

Etimología: del árabe *zarquín* = minio

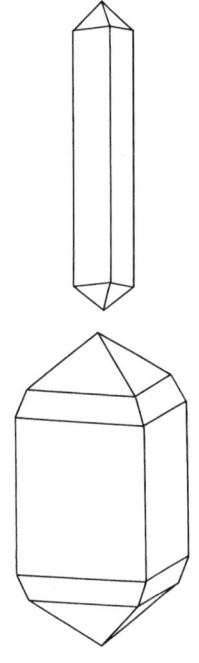

Propiedades físicas

• Color: pardo, rojo, amarillo, verde, azul, incoloro
• Dureza: de 6,5 a 7,5
• Exfoliación: imperfecta
• Fractura: concoidea, frágil
• Brillo: diamantino, graso
• Sistema cristalino: tetragonal
• Morfología: normalmente se presenta en combinaciones de prisma tetragonal y bipirámide tetragonal, y, en ocasiones, de dos prismas de diferente orden y bipirámide tetragonal.

Aparece en forma de cristales columnares cortos, implantados o granos rodados. Son cristales bien conformados, con brillo diamantino y, en algunos casos, brillo de vítreo a graso. En los cristales transparentes pueden verse las aristas dobles debido a la alta birrefringencia de este mineral.

• Posibles confusiones: puede confundirse, por la semejanza del hábito, con la casiterita, la escapolita y la idocrasa. La casiterita es abundante en maclas y estrías verticales y también se distingue por su elevada densidad; la escapolita aparece en cristales alargados de aspecto fibroso.

• Yacimientos: Alemania, Noruega, Rusia, Sri Lanka, Australia y Brasil
• Usos: como fuente de circonio y como gema

Propiedades curativas y espirituales

El circón está indicado para la meditación. Armoniza perfectamente la materia y el espíritu.

Es el símbolo de la lealtad. Tiene una utilidad importante en el desarrollo de las actividades mentales. Incita a la prudencia y a la

C sabiduría; desarrolla la habilidad en asuntos de negocios. Combate el insomnio. Es adecuado para el tratamiento de afecciones del corazón.

Abre los chakras de la cabeza y de la garganta.

Afinidad con los signos de Géminis, Cáncer, Virgo, Escorpio, Sagitario, Capricornio y Acuario.

Cloritas (grupo de minerales)

Etimología: del griego *chlorós* = verde

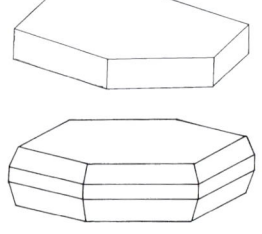

Propiedades físicas
• Silicato de hierro y magnesio
• Dureza: de 2 a 2,5
• Brillo: nacarado, vítreo
• Color: verde oscuro, verde, pardo rojizo, blanco, violeta
• Exfoliación: excelente
• Fractura: concoidea
• Transparencia: transparente a translúcida
• Densidad: de 2,5 a 4,9
• Sistema cristalino: monoclínico

• Morfología: cristales tubulares
• Génesis: rocas metamórficas, magmáticas, sedimentarias y yacimientos hidrotermales
• Paragénesis: aparece junto al rutilo, la calcita y el cuarzo.
• Yacimientos: abundantes como mineral formador de rocas.

Propiedades curativas y espirituales
Propicia la tolerancia y los sentimientos amorosos.

Es recomendable para personas con relaciones difíciles o con problemas de pareja que deseen mejorar su relación.

Se dice de esta piedra que retrasa el envejecimiento.

Está especialmente indicada para el tratamiento de afecciones del sistema respiratorio.

Incrementa la personalidad y ayuda a que afloren virtudes como la ternura, la dulzura y el cariño.

Abre y fortalece el chakra del corazón.

Afinidad con los signos de: Capricornio, Aries, Tauro, Géminis, Libra, Sagitario y Acuario.

Crisoprasa

Etimología: del griego *chrysós* = oro y *práson* = puerro

Propiedades físicas

• Variedad de la calcedonia
• Color: verde esmeralda, verde manzana
• Transparencia: de translúcida a opaca
• Génesis: costras de alteración de las rocas ultrabásicas
• Paragénesis: garnierita, serpentina, ópalo

Las propiedades físicas y ópticas son las mismas que las de la calcedonia.

Propiedades curativas y espirituales

Es la piedra de la esperanza.

En la antigüedad se regalaban piedras de crisoprasa a las personas con problemas morales, sentimentales e incluso físicos que habían perdido toda la esperanza y la fe en su resolución.

Abre los chakras basal y del plexo solar.

Afinidad con los signos de Tauro, Cáncer, Virgo y Escorpio.

C

Cuarzo

Etimología: del alemán *quarz*

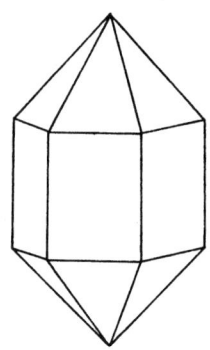

Propiedades físicas

- Dureza: 7
- Raya: blanca
- Color: blanco, gris, pardo, negro, violeta, verde, azulado, amarillo, rosa
- Transparencia: transparente, translúcido, no transparente
- Brillo: vítreo, graso
- Exfoliación: imperfecta
- Fractura: concoidea, astillosa
- Sistema cristalino: hexagonal (por debajo de 573° C)

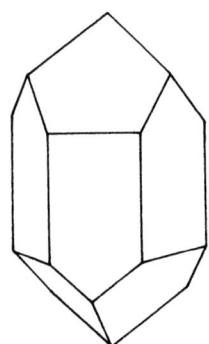
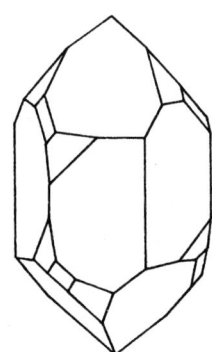
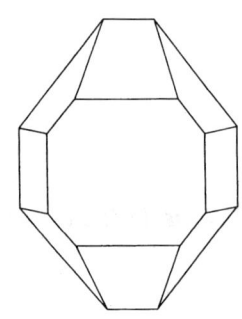

- Morfología: cristales prismáticos bipiramidales, pseudocúbicos, maclas frecuentes

Entramos en el grupo mineral más amplio e importante de cuantos existen, cuyas variedades son:

Cristal de roca

Etimología: del griego *krystallos* = hielo

Propiedades físicas

- Cuarzo puro
- Transparente y con brillo vítreo
- Dureza: 7
- Exfoliación: imperfecta

• Fractura: concoidea
• Sistema cristalino: hexagonal
• Morfología: cristales bipiramidales, frecuentes maclas, grupos agregados. Prismas rematados por dos romboedros (positivo y negativo), frecuentemente de igual desarrollo, destrógiros o levógiros según el desarrollo del trapezoedro trigonal y de la bipirámide. Las caras del prisma están estriadas horizontalmente y tienen un brillo vítreo o graso. Puede presentar inclusiones aciculares de rutilo o inclusiones dendríticas, así como cristales de turmalina, láminas de mica y fibras de asbesto. Hay desde cristales de pequeño tamaño hasta bloques de varias toneladas.

• Posibles confusiones: puede confundirse con la fenaquita, el berilo, el topacio y el apatito. Para diferenciarlos se tendrá en cuenta que la fenaquita tiene muchas más caras que el cuarzo, que los berilos están rematados con pinacoides y no tienen estrías y que el topacio presenta una exfoliación basal perfecta.

Propiedades curativas y espirituales

Es el mejor limpiador y neutralizador de las energías negativas. Es nuestro mejor amigo y aliado a la hora de la meditación, así como para la curación de todas las enfermedades.

El cristal de roca nos ayuda a pensar positivamente. Poseedor de un amplio campo magnético, este mineral refuerza nuestro campo energético.

Es un magnífico equilibrador de todas nuestras facultades.

Absorbe todas las energías negativas y las radiaciones nocivas (televisión, ordenador, etc.).

Si disponemos de una drusa, o grupo de cristales, podemos recargar con ella todas nuestras piedras, ya que almacena una gran cantidad de energía positiva que transmite a las otras.

Colocada en una estantería de casa crea un ambiente sano, limpio y lleno de energía positiva, que contribuye a la relajación y a la paz interior.

Cualquier talla es válida para estas aplicaciones, si bien la pirámide y la esfera son, por su forma de irradiar energía, muy interesantes. Coloque una esfera en su despacho y no tardará en sentir como además de la absorción de energías negativas, incrementa su capacidad creativa y de inspiración en todo aquello que se proponga.

El cristal de roca es un mineral extraordinario que, por toda la energía que encierra en su interior, refleja la esencia del universo, es un principio básico de la electrónica (su pieroelectricidad y piezoelectricidad).

Abre los chakras de la cabeza, del bazo y de la garganta.

Afinidad con los signos de Aries, Tauro, Géminis, Cáncer, Leo, Virgo, Libra, Escorpio, Sagitario, Capricornio, Acuario y Piscis.

Cuarzo amatista

Etimología: del griego *améthystos* = usado contra la embriaguez

Propiedades físicas

• Las mismas propiedades que el citrino y que todos los cuarzos
• Color: lila, morado
• Transparencia: de transparente a translúcido
• Génesis: yacimientos magmáticos e hidrotermales

Propiedades curativas y espirituales

Son sobradamente conocidas las geodas de amatista, de una belleza singular y regeneradoras superiores de energía.

Se le atribuye el poder de evitar la embriaguez, de ahí su nombre.

Dice el médico árabe Kindy que la amatista purifica y limpia el cuerpo y la mente.

Favorece la comprensión y la persuasión. Asimismo, la amatista es una piedra que consuela en el dolor y proporciona alivio en los momentos de angustia.

Tiene vibraciones sedantes. Equilibra el cuerpo cuando hay alteraciones del sueño. Potencia las glándulas endocrinas y el sistema nervioso. Está indicada para el tratamiento de la artritis.

En América es considerada una piedra que atrae la buena suerte en general. Aporta paz y equilibrio. Estimula la inteligencia. Ayuda en el tratamiento de la diabetes.

Desarrolla la comprensión y nos capacita para afrontar los problemas que nos acucian.

Simboliza el equilibrio y la pureza, la serenidad y la modestia.

Es una de las piedras más interesantes para meditar.

Muy indicada en los estados depresivos.

Se dice de la amatista que tiene el poder de influir en los ambientes crispados por la discordia y hacerlos agradables y sinceros.

Se dice que esta piedra crea armonía. Es una de las gemas más interesantes de todo el amplio abanico de minerales que existen, así pues, no debería faltar una amatista en nuestra casa.

Está indicada para el tratamiento del asma y de los trastornos cardíacos.

Abre y fortalece los chakras de la cabeza, basal y del bazo.

Afinidad con los signos de Aries, Cáncer, Leo, Virgo, Capricornio, Acuario, Piscis y Libra.

Cuarzo citrino

Etimología: del latín *citrinus,* por su color amarillo limón

Propiedades físicas

• Las propiedades ópticas, químicas y físicas son equivalentes a las del cristal de roca.
• Color: de amarillo claro a amarillo dorado y marrón rojizo.
• Génesis: rocas pegmatitas y en yacimientos hidrotermales.
• Paragénesis: ortosa, moscovita
• Yacimientos: Brasil, Estados Unidos, España, antigua URSS, Madagascar, etc.
• Usos: piedra semipreciosa

Propiedades curativas y espirituales

El cuarzo citrino promueve la tranquilidad y la estabilidad. Estimula la regeneración de tejidos. Es eficaz en el tratamiento de los trastornos del sistema inmunológico y en los trastornos intestinales. Incrementa

la actividad del hígado y el sistema muscular.

Actúa sobre el páncreas. Alivia las dificultades respiratorias.

Estimula la creatividad.

Indicado en caso de depresión, complejos, manías y fobias.

Abre el chakra de la garganta.

Afinidad con los signos de Géminis, Cáncer, Leo, Escorpio y Sagitario.

Etimología: del latín *rosa* por su coloración

Cuarzo rosa

Propiedades físicas

Tiene las mismas propiedades físicas y ópticas que el cuarzo cristal de roca.

Propiedades curativas y espirituales

Nos encontramos ante el mineral más relajante. Un fragmento de cuarzo rosa nos proporcionará un bienestar y felicidad física y emocional tan grande que, una vez familiarizados con él, no podremos estar sin su contacto y compañía.

Cura la angustia emocional. Abre el corazón al amor y al afecto. Nos ayuda a expresar los sentimientos con calma. Predispone a la sensibilidad y a la belleza. Confiere seguridad en uno mismo. Fortalece el carácter.

Por sus magníficas propiedades relajantes, está indicado en las enfermedades nerviosas.

Las personas maltratadas y faltas de cariño encontrarán en el cuarzo rosa un aliado que les ayudará a descargar sus males y del que recibirán sus buenas vibraciones.

Abre y fortalece los chakras del corazón y de la cabeza.

Afinidad con los signos de Tauro, Géminis, Cáncer y Leo.

Cuarzo rutilado

Etimología: del latín *rutilo, rubio de oro*

Propiedades físicas

Es una variedad del cuarzo, normalmente transparente, más o menos ahumado y con inclusiones de rutilo
• Dureza: de 6 a 6,5
• Color: pardo rojizo, amarillo, pardo negruzco, rojo y negro (variedad nigrina)
• Brillo: graso, adamantino, semimetálico
• Fractura: concoidea
• Exfoliación: perfecta

• Transparencia: de translúcido a opaco
• Sistema cristalino: tetragonal
• Morfología: cristales fibrosos, tablillas

Como inclusión, aparece en fibras y haces de «cola de caballo»; por ello se le aplica el nombre de «cabello de venus».

Propiedades curativas y espirituales

El cuarzo rutilado está indicado para las personas que carecen de decisión y entusiasmo.

Es la llamada piedra de la creatividad, adecuada, por lo tanto, para artistas, diseñadores, escritores, etc.

Se utilizaba en la antiguedad para curar quemaduras y heridas en general.

Si sujetamos con la mano derecha un cristal rutilado y acariciamos con el dedo pulgar una de sus facetas naturales durante unos minutos, notaremos una sensación de bienestar y relajación. También es muy apreciado como ayuda a la meditación.

Indicado para la artrosis, pues consigue mitigar los dolores.

Abre los chakras de la cabeza, del entrecejo y de la garganta.

Afinidad con los signos de Tauro, Géminis, Cáncer, Virgo, Escorpio, Capricornio, Piscis y Libra.

Cuarzo turmalinado

Etimología: del francés *tourmaline,* de igual significado

• Sistema cristalino: romboédrico

Propiedades físicas

Es similar al cuarzo transparente pero con inclusiones de turmalina negra (chorlo)
• Dureza: de 7 a 7,5
• Color: negro
• Brillo: vítreo
• Fractura: concoidea, desigual
• Exfoliación: imperfecta
• Transparencia: en la variedad chorlo, opaca
• Forma de los cristales: prismáticos, con las caras del prisma estriadas

Propiedades curativas y espirituales

La característica más importante del cuarzo turmalinado es su capacidad para desviar las energías negativas; es decir, no las absorbe, sino que las rechaza.

Neutraliza los estados de ansiedad, nerviosismo y depresión.

Símbolo de la constancia y de la fidelidad. Proporciona equilibrio emocional. Contribuye al desarrollo de la paciencia y de la armonía.

Está indicado para el tratamiento de afecciones de hígado y de intestino, así como para aliviar los dolores de muelas y de dientes.

Al igual que los cristales de cuarzo, tiene la propiedad de absorber las radiaciones de los televisores, de los ordenadores y otros aparatos. Se coloca un cuarzo turmalinado sobre el aparato, y se limpia de vez en cuando, como ya hemos indicado en la primera parte de este libro.

Abre y fortalece los chakras del entrecejo, basal y del plexo solar.

Afinidad con los signos de Cáncer, Leo, Virgo, Sagitario y Acuario.

Diamante

Etimología: del griego *adámas, adámantos* = invencible

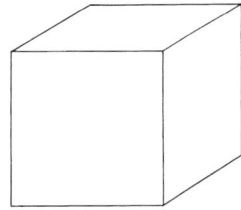

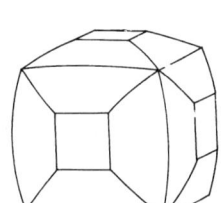

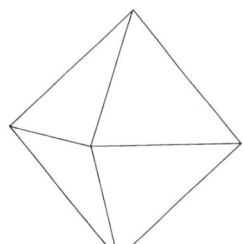

Propiedades físicas

• Dureza: 10
• Color: incoloro, todos los colores, incluido el negro
• Fractura: astillosa, concoidea, frágil
• Exfoliación: perfecta
• Brillo: diamantino
• Transparencia: de transparente a opaco
• Sistema cristalino: cúbico
• Estructura cristalina: los átomos de carbono se distribuyen en coordinación tetraédrica; cada átomo se une a los cuatro vecinos mediante enlaces covalentes muy fuertes.
• Morfología: las formas más corrientes son el octaedro, el rombododecaedro y el hexaqui-soctaedro. También se da la combinación de

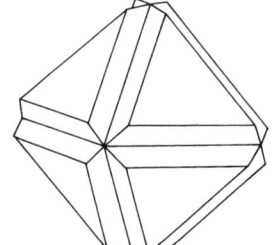

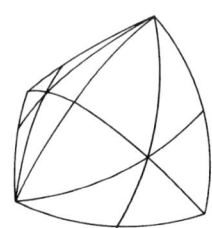

octaedro y rombododecaedro y la macla bigeminada de la espinela formada por dos octaedros *(maclé)*. Con menos frecuencia aparecen las formas de cubo y de tetraedro.

Posee un típico brillo resinoso adamantino, que no deja ver el verdadero brillo hasta ser tallado o exfoliado.

Con frecuencia las caras y aristas aparecen romas y estriadas, dando lugar a lo que se ha denominado aspecto de «piel de cebolla».

Los cristales octaédricos acostumbran a poseer caras muy brillantes o marcas triangulares denominadas trígonos, cuyos vértices apuntan hacia las aristas de las caras del cristal.

D El diamante es carbono puro. Algunas veces hay trazas de nitrógeno, y ésta es la causa del color amarillento de algunos diamantes.

• Génesis: rocas magmáticas, meteóricas, depósitos aluviales, antiguas rocas volcánicas y en las chimeneas volcánicas denominadas *pipes.*

• Yacimientos: Los principales productores de diamantes para joyería son: Sudáfrica, la antigua Unión Soviética y Namibia, y para usos industriales, Zaire y Sudáfrica.

Variedades:

Gema: cristales muy transparentes, prácticamente exentos de imperfecciones. Incluye los colores: white (blanco), yellow (amarillo), brown (marrón) y otros de fantasía.

Boart: abarca todos aquellos cuya baja calidad impide incluirlos en la variedad gema. La mayor parte de este material es microcristalino, lo que le confiere la máxima dureza.

Cuando no está maclado se tritura para obtener polvo de diamante, que se utiliza como abrasivo en numerosas industrias, entre ellas la de la talla del diamante.

Carbonado: se trata de la variedad industrial de mayor calidad. Generalmente es opaco y de color gris o negro. No presenta exfoliación, ya que su estructura es microcristalina. Se utiliza en sierras, taladros, brocas, etc.

Las inclusiones que pueden presentar los diamantes se clasifican en:

• protogenéticas: son aquellas inclusiones formadas antes del crecimiento del cristal que las engloba.

• singenéticas: son aquellas inclusiones formadas durante el crecimiento del cristal que las engloba. La mayoría de las inclusiones observadas en los diamantes pueden considerarse singenéticas. Las más frecuentes son: sulfuros de hierro: grafito, pirrotina (son los llamados vulgarmente carbones); olivino: suele ser incoloro o ligeramente grisáceo; granate piropo; espinela crómica; diópsido crómico; esteatita crómica.

• epigenéticas: son las formadas después del crecimiento del cristal que las contiene: grafito en escamas e incrustaciones; pirrotina, hematites y óxidos ferrosos.

• Yacimientos: Se encuentran diamantes en yacimientos primarios y secundarios. Los yacimientos primarios son aquellos en los que la piedra preciosa se encuentra en su primera localización (la de su formación), junto a la roca original. Los yacimientos secundarios son aquellos en los que la piedra preciosa ha sido transportada a un segundo lugar, por ejemplo, los depósitos aluviales.

Los diamantes se encuentran distribuidos por todo el mundo, pero cuando hablamos de yacimientos nos referimos a tres únicas zonas de producción: la India hasta principios del siglo XVIII, Brasil hacia 1720 y Sudáfrica.

En Brasil, las principales minas son Minas Gerais y Bahía. La mayor parte de las piedras son de pequeño tamaño pero de buena calidad.

En Sudáfrica los yacimientos fueron descubiertos en 1867 y actualmente son los de mayor producción mundial.

Existen dos tipos de yacimiento:

Minas en cuencas fluviales: en la cuenca del río Vaal. Los diamantes se encuentran entre las gravas del cauce del río.

Minas en regiones secas: son chimeneas verticales que atraviesan varias capas o estratos de rocas y alcanzan grandes profundidades en la corteza terrestre. Estas chimeneas están rellenas de un material rocoso de color oscuro azulado conocido como tierra azul. Conforme se acerca a la superficie, el color de esta tierra azul pasa a ser amarillo por acción de los agentes atmosféricos (estado de oxidación de la tierra azul) y entonces recibe el nombre de tierra amarilla.

Estas chimeneas, denominadas chimeneas volcánicas o *pipes,* tienen una sección transversal elíptica o circular y un diámetro que varía entre los 100 y 800 m.

Estas chimeneas contienen una roca ígnea compuesta parcialmente de hierro que se ha bautizado con el nombre de kimberlita.

Los yacimientos más importantes están en la India; América del Sur: Brasil, Guayana, Surinam (ex Guayana Holandesa, Guayana Francesa), Venezuela; África: Sudáfrica (Kimberley, Premier, Finsch), Zaire, Angola, Sierra Leona, Costa de Marfil, plataforma Marina del río Orange; antigua Unión Soviética: montes Urales, Siberia (Región de Yakutia); Australia y Tasmania; Indonesia y Malasia: Borneo, Sumatra, y China.

D

Propiedades curativas y espirituales

Simboliza la búsqueda de la perfección, el triunfo de la voluntad y de la rectitud y la firmeza de carácter.

Espiritualmente, el diamante tiene efectos que abarcan todo el cuerpo energético. Equilibra las cualidades personales y participa como guía espiritual. Su energía eleva toda la energía física a un nivel superior.

Combinado con otras gemas intensifica y amplifica el poder curativo de éstas.

Es eficaz en el tratamiento de la epilepsia, la diabetes, la menopausia y la psoriasis.

Tiene la propiedad de alegrar el espíritu. Es, por tanto, adecuada, para personas tímidas, apocadas e introvertidas.

Abre y fortalece los chakras basal, del bazo, y del plexo solar.

Afinidad con los signos de Aries, Tauro, Géminis, Cáncer, Leo, Virgo, Libra, Escorpio, Sagitario, Capricornio, Acuario y Piscis.

Esfalerita

Etimología: del griego *sphalerós* = vacilante

Propiedades físicas

- Dureza: de 3,5 a 4
- Color: amarillo, verdoso, naranja, incoloro
- Peso específico: de 4,8 a 4,10
- Exfoliación: perfecta
- Fractura: frágil, desigual
- Transparencia: translúcida, transparente
- Sistema cristalino: cúbico
- Morfología: cristales tetraedros, dodecaedros y maclas

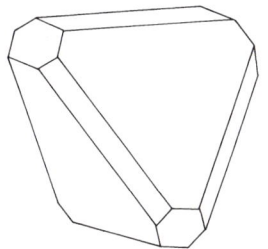 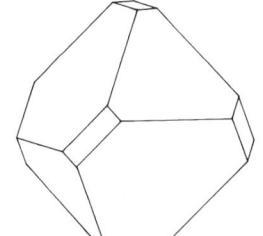 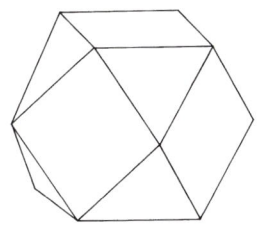

- Brillo: vítreo
- Génesis: yacimientos hidrotermales, magmáticos y sedimentarios.

Propiedades curativas y espirituales

Está indicada para personas que sufren de calambres y espasmos en manos y piernas.

Se dice de esta piedra que atrae el éxito y la fama. Es adecuada para artistas, ejecutivos y, en general, para todo aquel que busque una excelente imagen pública.

Favorece la digestión; imprescindible para los que sufren de digestiones lentas y gases intestinales acompañados de dolores.

Abre el chakra del corazón.

Afinidad con los signos de Aries, Tauro, Géminis, Cáncer y Virgo.

Esfena

Etimología: del griego *sphén,* cuña

Propiedades físicas
- Silicato de calcio y titanio
- También llamada titanita
- Dureza: de 5 a 5,5
- Color: pardo, amarillo, verdoso, negro, amarillo, blanco
- Fractura: concoidea, imperfecta

E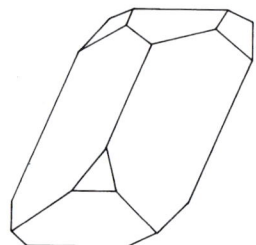

- Exfoliación: perfecta
- Transparencia: de transparente a translúcido
- Sistema cristalino: monoclínico
- Morfología: cristales en prismas, tablas y maclas
- Génesis: rocas magmáticas, metamórficas y yacimientos hidrotermales

Propiedades curativas y espirituales

Es una piedra indicada para las personas con espíritu viajero.

Asimismo, es adecuada para el tratamiento de la fatiga muscular y los dolores reumáticos, especialmente en las piernas.

Inspira virtud y altos ideales.

Abre el chakra de la garganta.

Afinidad con los signos de Escorpio, Piscis y Virgo.

Esmeralda

Etimología: del latín *smaragdus*

- Brillo: mate, vítreo
- Exfoliación: imperfecta
- Fractura: concoidea, desigual
- Transparencia: translúcida, transparente
- Densidad: de 2,63 a 2,80
- Sistema cristalino: hexagonal

Propiedades físicas

- Silicato de aluminio y berilo
- Dureza: de 7,5 a 8

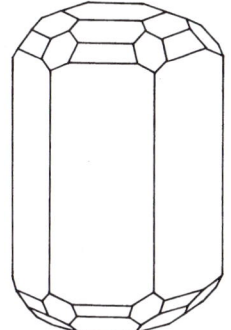 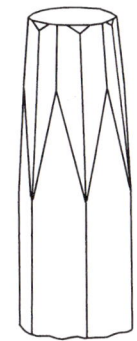 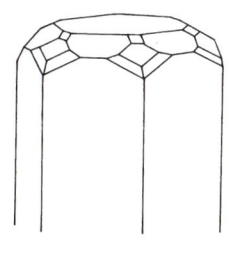

• Morfología: cristales prismáticos
• Génesis: pegmatitas y rocas metamórficas
• Paragénesis: la encontramos asociada a la ortosa, la casiterita, el cuarzo, la turmalina, etc.

Propiedades curativas y espirituales

La esmeralda simboliza la abundancia.

Buen equilibrador emocional y purificador del espíritu. Actúa como estabilizador y tranquilizante interno.

Produce un efecto calmante y tranquilizante muy benéfico cuando los problemas nos acucian y dominan, ya que crea a su alrededor una energía de cooperación y de buena voluntad. Muy indicada para meditar. Desde antiguo se le atribuye la capacidad de neutralizar los venenos.

Se utiliza para abrir el tercer ojo.

Es adecuada para los que sufren de miedos y angustias; también en los momentos de tristeza, incluso cuando no existe motivo aparente. Ayuda a superar los estados de ansiedad.

Es útil también para el tratamiento de las siguientes dolencias: acedía, colitis, exceso de bilis, problemas de estómago en general, trastornos renales, problemas oculares, del corazón, del sistema nervioso y del páncreas.

Sus vibraciones nunca pueden ser nocivas o negativas para nadie.

Se dice de la esmeralda que acrecienta el juicio y ayuda a las personas a labrarse una personalidad fuerte y firme.

Tiene la capacidad de aumentar y potenciar la inteligencia y la memoria.

Está considerada como una piedra portadora de buena suerte en general.

Abre y fortalece los chakras del bazo y de la cabeza.

Afinidad con los signos de Escorpio, Sagitario, Capricornio, Acuario y Libra.

Esteatita

Etimología: del griego *stéar, stéatos* = sebo, grasa

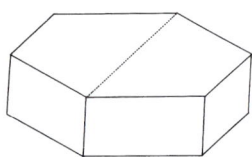

Propiedades físicas
- También llamada talco
- Dureza: 1
- Transparencia: translúcido
- Color: blanco, pardo, amarillento, verde
- Brillo: nacarado, graso
- Exfoliación: perfecta
- Sistema cristalino: monoclínico
- Morfología: cristales tabulares
- Génesis: yacimientos de origen hidrotermal
- Paragénesis: aparece junto a las cloritas, cuarzos y dolomitas.

Propiedades curativas y espirituales

Se dice de la esteatita que atrae el éxito, el amor y la constancia.

Sube el ánimo, aunque no es recomendable para personas nerviosas.

Se la conoce como piedra de los comerciantes, ya que les da suerte en sus negocios y lugares de trabajo.

Es apropiada para las personas que sufren de lesiones de columna, de vértebras y del esqueleto en general.

Fortalece el sistema inmunológico, así como el cuello, las mandíbulas y los dientes.

Abre el chakra de la garganta.

Afinidad con los signos de Aries, Géminis, Leo, Libra y Sagitario.

Fluorita

Etimología: del latín
fluere = fluir

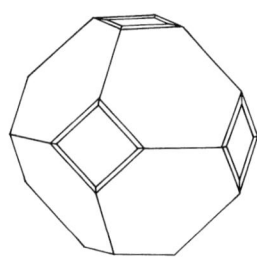

Propiedades físicas

• Corresponde a la familia de los halogenuros
• Dureza: 4
• Color: violeta, verde, amarillo, blanco, rojizo, azulado
• Exfoliación: perfecta
• Fractura: lisa
• Transparencia: translúcido, transparente
• Brillo: vítreo
• Densidad: 3,18

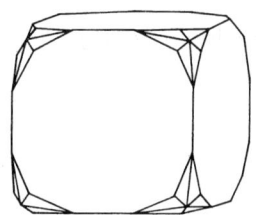
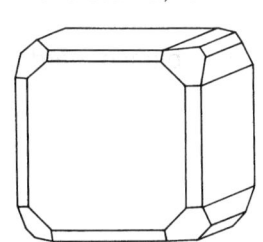
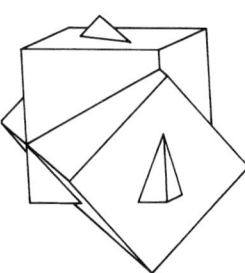

• Sistema cristalino: cúbico
• Morfología: cristales en cubos, maclas, octaedros, dodecaedros. Los cristales tienen un brillo vítreo y la superficie irregular. Los octaedros obtenidos por exfoliación tienen un brillo perlado característico y los planos de las caras muy perfectos.

Los rasgos más típicos de este mineral son la macla de dos cubos y la marcada coloración zonal.
• Génesis: rocas de origen hidrotermal, sedimentarias y neumatólicas
• Paragénesis: junto a la casiterita, la blenda, la galena, la dolomita, la barita, la turmalina, etc.

• Posibles confusiones: puede confundirse con octaedros de espinela y, muy raramente, con octaedros de diamante. Sin embargo, la baja dureza, la coloración zonal y el menor brillo en las caras de exfoliación hacen que sea fácil distinguirla de estos minerales.

• Yacimientos: Alemania, Suiza, Bohemia, Gran Bretaña y Noruega

• Usos: metalurgia, química, óptica, industria del vidrio y decoración (en alguna ocasión, también en joyería).

Propiedades curativas y espirituales

La fluorita beneficia a los que sufren de estrés por sus propiedades relajantes y sedantes. Por este motivo, y por sus colores, es muy uti-

lizada para meditar. Llevar una fluorita nos aportará bienestar emocional y nos mantendrá un equilibrio perfecto entre la mente y el cuerpo.

Está indicada para el tratamiento de las afecciones del cerebro, tanto físicas como psíquicas.

Se dice que proporciona claridad mental, concentración y serenidad.

Favorece la apertura del tercer ojo.

Abre el chakra del plexo solar.

Afinidad con los signos de Tauro, Cáncer, Virgo, Capricornio y Acuario.

Galena

Etimología: del latín *galena*

Propiedades físicas

• Sulfato de plomo
• Dureza: de 2,5 a 3
• Color: gris plomo
• Fractura: astillosa

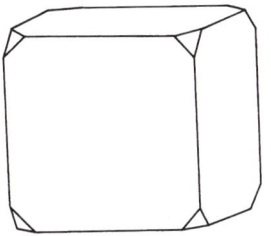 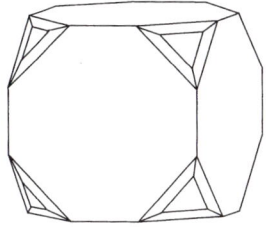 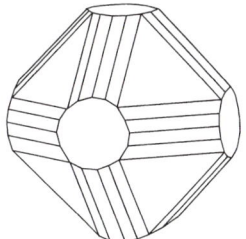

- Exfoliación: buena
- Brillo: muy fuerte cuando se parte, metálico
- Transparencia: opaca
- Sistema cristalino: cúbico
- Morfología: cristales en octaedros, hexaedros y maclas
- Génesis: yacimientos hidrotermales y sedimentarios
- Paragénesis: aparece junto a la blenda, la barita, la calcita, la pirita, la fluorita, el cuarzo, etc. Principal mena de plomo, de ella también se obtiene la plata.

Propiedades curativas y espirituales

La galena está indicada para las personas que sufren de pérdida de memoria y de amnesia. Muy utilizada por estudiantes y oradores.

Debido a su gran capacidad de exfoliación, es conveniente llevarla en una pequeña bolsita.

Recomendable para el tratamiento de afecciones de reuma, artrosis y dolores en las articulaciones.

Simboliza el peso de la razón.

Abre el chakra del entrecejo.

Afinidad con los signos de Escorpio, Piscis y Libra.

Granates (grupo de minerales)

Etimología: del occita-
no antiguo o del cata-
lán *granat*

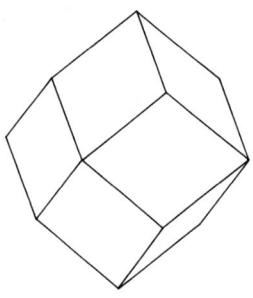

Propiedades físicas
- Silicato
- Dureza: de 6,5 a 7,5
- Transparencia: de opaco a translúcido. La transparencia completa aparece tras ser tallado.
- Color: verde esmeralda, verde claro, pardo, pardo rojizo, marrón amarillo, rojo, blanco rosa, incoloro
- Fractura: astillosa, concoidea
- Exfoliación: muy imperfecta
- Brillo: graso, vítreo

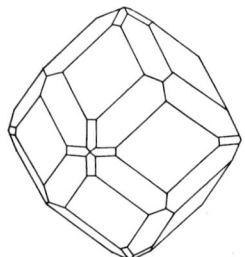
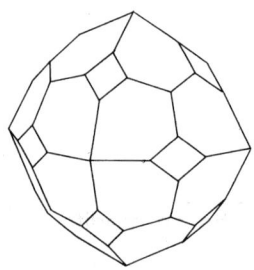
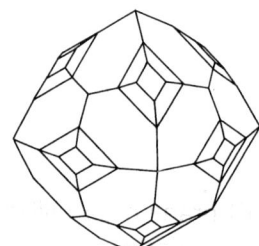

- Densidad: de 3,4 a 4,6
- Sistema cristalino: cúbico
- Morfología: cristales rombododecaedros, hexaoctaedros. Los cristales se presentan bien conformados y de tamaño medio, con coloraciones uniformes y brillo vítreo o céreo según la superficie externa. Puede presentar caras de crecimiento.
- Génesis: rocas magmáticas, metamórficas, aluviones
- Paragénesis: aparece junto a cloritas, feldespatos, cuarzos, etc.
- Yacimientos: Urales (antigua Unión Soviética), Italia, Estados Unidos, Sri Lanka, Brasil y Tanzania
- Usos: abrasivos, instrumentos de corte, pulido y perforación. Como piedra preciosa, en joyería.
- Posibles confusiones: solamente puede confundirse con el diamante y la espinela. El diamante puede aparecer en forma rombododeca-

édrica, pero su lustre diamantino resinoso, las caras romas, los trígonos, etc. lo hacen inconfundible. La espinela tiene colores muy distintos y muy raramente cristaliza en rombododecaedros o trapezoedros. La confusión puede existir entre las diferentes variedades del granate, que se identifican entre sí por el color.

El nombre granate engloba a un grupo de minerales que, según la cantidad de elementos nativos que domine, recibe un nombre u otro; así, tenemos con alto contenido en:

circonio (Zr): kimzeyita
cromo(Cr):   uvarovita
              knorringita
vanadio (V):   goldmanita
hierro (Fe):   majorita
              andradita
              esquiagita
              calderita
aluminio (Al): piropo
              hessonita
              espesartina
              almandino
              demantoide
              grosularia

Propiedades curativas y espirituales

El granate se utiliza mucho en meditación. Fortalece la energía creativa. Está muy indicado para la depresión y los estados de melancolía y tristeza.

Hermes Trismegisto decía que esta piedra ayudaba en los partos.

Símbolo de la amistad sincera. Los granates inducen a la acción y a la creatividad, retrasan el envejecimiento y regeneran los tejidos y la piel.

Es útil en caso de mala circulación o de anemia; también se recomienda para el tratamiento de inflamaciones de la piel, granos, etc.

Se utiliza desde muy antiguo para curar afecciones de hígado, huesos, pulmones e intestinos.

Abre el chakra basal.

Afinidad con los signos de Sagitario, Capricornio, Acuario y Piscis.

H | **Hematites**

Etimología: del griego
haimatites = de sangre

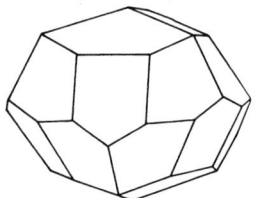

Propiedades físicas
• Óxido de hierro
• Dureza: 6,5
• Color: gris-negro, negro, pardo rojizo
• Brillo: metálico
• Transparencia: translúcido a opaco
• Exfoliación: carece de ella
• Fractura: concoidea
• Densidad: 5,3
• Sistema cristalino: romboédrico

• Morfología: combinaciones de romboedros con bipirámides; muy frecuentemente, en tablas agrupadas formando rosetas (rosas de hierro), y también en forma masiva, reniforme y fibrosa.

Los cristales son aplanados y con estrías, que denotan su simetría en los pinacoides; brillo de metálico a mate. Los cristales tienen forma de escamas, romboedros, tablillas y maclas.

• Génesis: rocas magmáticas, metamórficas, sedimentarias e hidrotermales

• Paragénesis: aparece junto a la siderita, la magnetita, la limonita, la pirita y el cuarzo.

• Posibles confusiones: puede confundirse con el cinabrio, la cuprita y el rejalgar, pero los tres tienen una dureza inferior, pertenecen a un sistema distinto y además son minerales empleados en joyería.

• Yacimientos: Suiza, Brasil, Noruega, Gran Bretaña, Alemania, Austria, Italia, Australia, etc.

• Usos: importante mena de hierro, polvos abrasivos y colorantes. El hematites compacto se utiliza como piedra ornamental.

Propiedades curativas y espirituales
Decía Plinio que el hematites curaba el mal de ojo, y añadía que es útil para ganar procesos legales.

Activa la circulación de la sangre y estimula la absorción de oxígeno. Está indicado en el tratamiento de las enfermedades de la sangre y del sistema digestivo, así como de tumores, leucemia, enfermedades del corazón y de la médula ósea.

Se utiliza desde la antigüedad como antihemorrágico.

Se le atribuye capacidad para atraer la buena suerte. Es un amuleto poderoso para evitar accidentes cruentos.

Potencia la confianza en uno mismo. Clarifica los pensamientos y mejora la capacidad intelectual.

Equilibra el cuerpo, la mente y el espíritu.

Abre y fortalece los chakras de la cabeza y del entrecejo.

Afinidad con los signos de Escorpio, Sagitario, Acuario y Virgo.

Jacinto de Compostela

Etimología: del latín *hyacinthus*

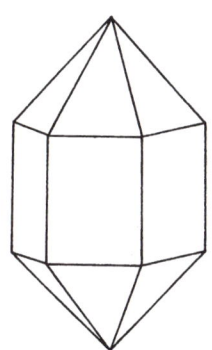

Propiedades físicas
• Cuarzo biterminado natural
• Dureza: 7
• Color: de rojo ladrillo a marrón oscuro
• Exfoliación: imperfecta
• Fractura: concoidea
• Transparencia: opaco
• Sistema cristalino: hexagonal
• Morfología: cristales en forma de prismas hexagonales y bipirámide
• Paragénesis: aparece junto a los yesos del triásico

Propiedades curativas y espirituales

El jacinto está indicado para personas que sufren de insomnio, ya que ejerce una eficaz acción relajante.

En la antigua Roma se llevaba como amuleto para atraer la buena suerte y la riqueza material.

Se recomienda a los que sufren enfermedades del corazón y de los pulmones.

Decía Jean de la Taille que torna amable y querido a quien lo lleva.

Está específicamente indicado para las personas envidiadas u odiadas por otras, ya que evita malas vibraciones e influencias negativas.

Piedra recomendable para personas que tienen problemas con el ser amado. Es conocida como la piedra de la reonciliación.

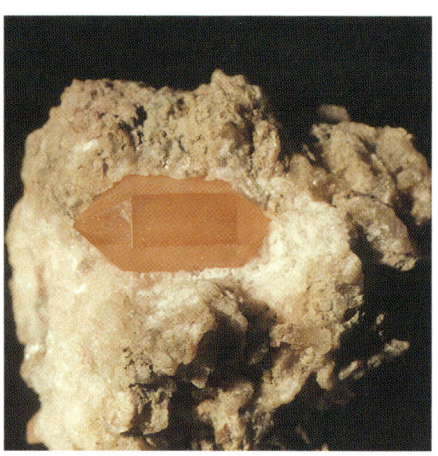

Abre el chakra de la garganta.

Afinidad con los signos de Capricornio, Piscis, Libra y Virgo.

Jade

Etimología: del castellano *piedra de la ijada*

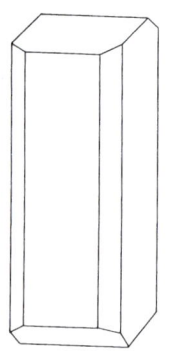

Propiedades físicas
• Silicato de sodio y aluminio
• Dureza: 6,5
• Color: verde, gris, azul, violeta, amarillo, pardo
• Exfoliación: buena
• Fractura: desigual
• Brillo: graso, vítreo
• Sistema cristalino: monoclínico
• Morfología: aparece en forma de masas y agregados granulares y fibrosos.

Propiedades curativas y espirituales
El jade es la piedra de los sentimientos y de las emociones.

Es el símbolo de la suerte en los negocios. Desde muy antiguo se ha utilizado como amuleto para atraer la buena suerte en los juegos de azar.

Simboliza asimismo modestia, caridad, justicia, valor y sabiduría.

Está indicado para el tratamiento de las afecciones oculares, los problemas de vesícula, el dolor de riñones y los trastornos en el tracto urinario.

Indicado para combatir las afecciones de huesos.

Abre el chakra del bazo.

Afinidad con los signos de Aries, Tauro, Géminis, Cáncer, Escorpio, Sagitario, Capricornio y Acuario.

Jaspe leopardo

Etimología: del griego *iaspis* = jaspe

Propiedades físicas
• Variedad de calcedonia
• Dureza: de 6 a 7
• Color: imita perfectamente la piel de un leopardo. Esta coloración peculiar es debida a la presencia de óxidos, cloritas, hematites, etc.
• Fractura: concoidea
• Exfoliación: carece de ella
• Transparencia: opaco
• Sistema cristalino: romboédrico
• Morfología: cristales en forma de masas de microcristales de cuarzo

• Génesis: rocas postvolcánicas, sedimentarias y yacimientos hidrotermales.
• Paragénesis: cuarzo, blenda, pirita, galena, ágata, etc.

Propiedades curativas y espirituales
El jaspe leopardo se utiliza desde la antigüedad; en Sudamérica se utiliza actualmente para prevenir problemas en el parto.

Ayuda eficazmente a obtener el equilibrio mental. Está indicada para el tratamiento de afecciones del cerebro, ya que revitaliza la materia gris y el tejido cerebral y retrasa la muerte de las neuronas.

Es recomendable para personas que sufren de amnesia, ausencias o, simplemente, pérdida de memoria.

En la Europa del Renacimiento se puso de moda entre la clase media: artistas, filósofos y estudiantes eran asiduos portadores de esta piedra singular. Es recomendable en caso de afecciones intestinales, colón irritable, diarreas, colitis, epilepsia y cálculos renales.

Abre el chakra del plexo solar.

Afinidad con los signos de Aries, Géminis y Escorpio.

Jaspe rojo

Etimología: del griego *iaspis* = jaspe

Propiedades físicas
• Variedad de calcedonia
• Óxido
• Color: rojo
Tiene las mismas propiedades físicas que el jaspe leopardo.

Propiedades curativas y espirituales
El jaspe rojo se utiliza desde la antigüedad como afrodisíaco y estabilizador amoroso.

Es la piedra de los sentimientos intensos, del amor, la pasión y las grandes emociones.

Protege contra el mal de ojo, los hechizos y la magia.

Piedra de fuertes vibraciones energéticas, muy beneficiosas para los que padecen de timidez y falta de decisión. Está indicado en caso de enfermedades hepáticas; en los últimos años se ha puesto de moda entre la juventud como talismán para atraer al ser amado.

Abre el chakra de la garganta.

Afinidad con los signos de Tauro, Cáncer, Sagitario, Capricornio y Piscis.

Jaspe sanguíneo

Propiedades físicas

• Variedad de calcedonia
• Óxido
• Color: rojo veteado con pardo, verde
• Las mismas propiedades físicas y ópticas que el resto de los jaspes.

Propiedades curativas y espirituales

El jaspe sanguíneo ejerce una acción equilibradora.

Es la piedra de los vendedores, ya que ayuda al individuo a saber expresarse con fluidez y convicción. Es muy utilizado en meditación.

Se dice de esta piedra que tiene la facultad de arreglar los problemas amorosos. Ya en la antigua Grecia las parejas se obsequiaban con jaspes sanguíneos para arreglar sus diferencias.

Es eficaz para superar los estados depresivos y de melancolía.

Ayuda a superar problemas y trastornos sexuales. Tiene capacidades que estimulan la mente y mantienen el oxígeno en la circulación.

Indicada para el tratamiento de trastornos glandulares.

Abre el chakra de la corona.

Afinidad con los signos de Acuario, Piscis y Sagitario.

Labradorita

Etimología: de la península del Labrador, Canadá

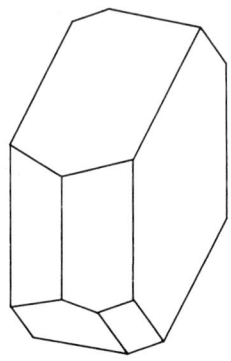

Propiedades físicas

• Silicato de calcio, sodio, aluminio y silicio
• Dureza: de 6 a 6,5
• Color: blanco, gris, azulado, rojizo, verdoso, irisado
• Fractura: desigual
• Exfoliación: muy buena
• Transparencia: transparente, translúcida
• Densidad: 2,65 a 2,80
• Sistema cristalino: triclínico
• Morfología: cristales en forma de prismas, tablillas y maclas
• Génesis: rocas magmáticas, pegmatitas y metamórficas

L

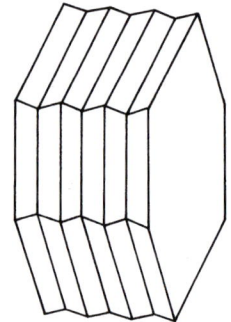

Propiedades curativas y espirituales

La labradorita proporciona seguridad en uno mismo. Está indicada para personas inseguras y faltas de decisión.

También se recomienda para personas con falta de creatividad.

Propicia el amor al prójimo, así como la modestia, el valor y la justicia.

Se utiliza para el tratamiento de todo tipo de infecciones.

Elimina los vértigos y sensaciones de mareo. Aumenta la vitalidad y da alegría a quien la lleva.

Combate la artritis y el reuma.

Abre el chakra basal.

Afinidad con los signos de Aries, Géminis, Escorpio y Piscis.

Lapislázuli

Etimología: del italiano *lapislazzuli*

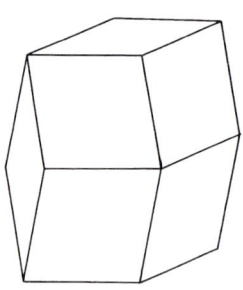

Propiedades físicas

• También llamado lazurita
• Silicato.
• Dureza: 5,5
• Color: azul oscuro, azul-verdoso, veteado y con inclusiones de pirita
• Exfoliación: imperfecta
• Fractura: concoidea
• Transparencia: opaco
• Brillo: graso, mate
• Densidad: de 2,40 a 2,55
• Sistema cristalino: cúbico
• Forma de los cristales: rombododecaedros, dodecaedros
• Génesis: metamórfica de contacto

• Paragénesis: aparece junto a la calcita, la pirita, el diópsido.

• Morfología: algunas veces aparece en cristales rombododecaedros, siempre implantados; más comúnmente, aparece en agregados masivos, compactos, granulosos y densos. Presenta inclusiones de pirita, vetas blancas de calcita y otros minerales (sodalita y diópsidos). El lustre es vítreo y en la superficie de las fracturas, graso.

• Posibles confusiones: se confunde fácilmente con la sodalita. Se distingue porque no suele presentar inclusiones de pirita y tiene un azul menos intenso que el lapislázuli.

• Yacimientos: aparece en mármoles ricos en potasio. Afganistán, Chile, California y Rusia

• Usos: objetos de arte y joyería

Propiedades curativas y espirituales

Se conoce como piedra de la comunicación. Ayuda a pensar racionalmente. Despierta la mente a una conciencia superior. Muy utilizada en meditación. Desbloquea los chakras. Es eficaz para controlar los desajustes emocionales.

Cura la melancolía y es indicado para el tratamiento de las afecciones de bazo.

Atrae la fortuna y la fama.

Abre el chakra de la corona.

Afinidad con los signos de Tauro, Cáncer, Capricornio, Acuario y Libra.

Magnetita

Etimología: del griego *magnes, magnetos* = imán

Propiedades físicas

• Óxido de hierro

• Dureza: 5,5

• Brillo: semimetálico a metálico

• Color: negro

• Fractura: concoidea

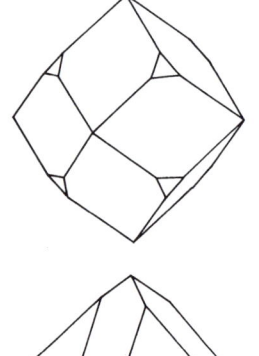

- Exfoliación: imperfecta
- Transparencia: opaca
- Densidad: 5,2
- Sistema cristalino: cúbico
- Morfología: cristales en forma de octaedros, maclas, dodecaedros
- Génesis: rocas magmáticas, pegmatitas, sedimentarias y yacimientos hidrotermales
- Paragénesis: junto al apatito, la augita, el hematites, el anfíbol, etc.
- Yacimientos: abundantes; Alemania, Suecia, Finlandia, antigua URSS, Rumania, Italia, Austria, Suiza

Propiedades curativas y espirituales

La magnetita proporciona firmeza de carácter a quien la lleva.

Decía Alfonso X el Sabio que favorece las cosechas y las siembras.

Debido a su intenso magnetismo, las personas que buscan lo racional en lo no consciente la utilizan para fortalecer la mente.

Se usaba contra las inflamaciones de los ojos y los casos de fiebre y delirio. Se recomienda para prevenir contagios y trastornos intestinales. Alarga la vida y refuerza el corazón.

Aumenta la vitalidad y las ansias de vivir. Está indicada para el tratamiento de depresiones y estados de decaimiento.

Simboliza la virilidad.

Abre el chakra de la cabeza.

Afinidad con los signos de Aries, Tauro, Géminis, Cáncer, Acuario y Piscis.

Malaquita

Etimología: del latín
malachites = malva

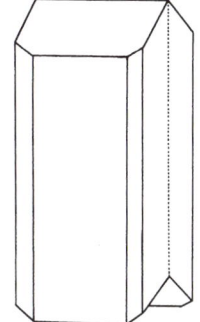

Propiedades físicas

• Carbonato de cobre
• Dureza: 4
• Brillo: vítreo, sedoso, graso
• Color: verde, verde fuerte
• Exfoliación: buena
• Fractura: concoidea
• Transparencia: opaco
• Densidad: 4
• Sistema cristalino: monoclínico
• Morfología: cristales en forma de prismas
• Génesis: rocas secundarias
• Paragénesis: junto a la cuprita, el cobre, la azurita, la calcopirita, etc.

Propiedades curativas y espirituales

La malaquita ahuyenta las pesadillas y los malos sueños.

Mejora el estado de ánimo. Ayuda a la regeneración de los tejidos. Equilibra desarreglos emocionales y situaciones de crisis.

Simboliza la inteligencia y favorece la inspiración; es el símbolo de la creatividad.

Está indicada para el mal de ojo, las envidias y los celos.

Cura las penas de amor y hace volver a los amantes ausentes.

Es llamada la piedra del equilibrio, porque ayuda a canalizar las propias energías y dirigirlas hacia un objetivo.

Es recomendable para las personas que sufren de ardores de estómago y para los asmáticos.

Es una de las piedras de la fortuna. Atrae riquezas. Tiene excelentes propiedades que hacen que su portador goce de fortuna y poder.

M

Abre el chakra del bazo.

Afinidad con los signos de Aries, Tauro, Géminis, Cáncer, Leo, Virgo, Libra, Escorpio, Sagitario, Capricornio, Acuario y Piscis.

Marcasita

Etimología: del árabe *marqasita*

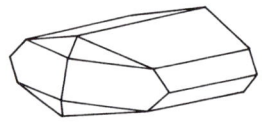

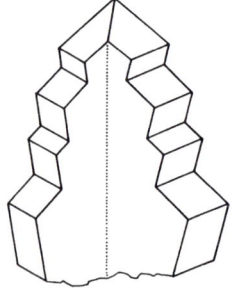

Propiedades físicas

• Sulfuro de hierro
• Dureza: de 6 a 6,5
• Brillo: metálico
• Color: amarillo
• Transparencia: opaca
• Exfoliación: imperfecta
• Fractura: desigual
• Densidad: de 4,8 a 5
• Sistema cristalino: ortorrómbico
• Morfología: cristales en forma de prismas, tablillas y maclas
• Génesis: rocas magmáticas, postvolcánicas, sedimentarias e hidrotermales
• Paragénesis: junto a la galena, el cinabrio, la pirita, la esfalerita, etc.

Propiedades curativas y espirituales

La marcasita es recomendable para personas que sufren de cálculos renales y biliares. También se utiliza para combatir dolores localizados.

Está indicada para el tratamiento de la ictericia.

Se usa desde la antigüedad para combatir el reumatismo. Muy utilizada para el tratatmiento de problemas cutáneos, eccemas, acné, herpes.

Se la considera la piedra del optimismo.

Abre y fortalece los chakras de la corona y del plexo solar.

Afinidad con los signos de Acuario y Piscis.

Obsidiana

Etimología: del latín *obsidianus lapis,* piedra de Obsius, romano que la descubrió en Etiopía

Propiedades físicas
• Vidrio natural postvolcánico
• Dureza: 5
• Brillo: vítreo

• Color: negro, caoba, marrón, con manchas blancas (obsidiana nevada)
• Sistema cristalino: amorfo

Propiedades curativas y espirituales
La obsidiana tiene propiedades que favorecen la meditación.

Se conoce como la piedra de la justicia.

Eficaz en el tratamiento de las depresiones, estados de ansiedad y nervios. Está indicada también contra los dolores localizados, la artritis y el reuma.

Abre el chakra de la corona.

Afín a los signos de Acuario, Cáncer, Virgo, Tauro y Escorpio.

Ojo de gato

Etimología: por su color y aspecto característicos

Propiedades físicas
• También llamado cimofana, variedad del crisoberilo
• Es un óxido de aluminio y berilo.

• Dureza: 8,5
• Brillo: vítreo, graso
• Color: verde claro, amarillo, verde esmeralda, verde pardo
• Exfoliación: buena
• Fractura: concoidea
• Densidad: 3,7

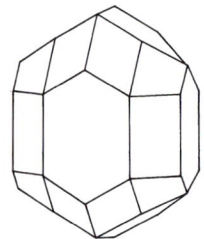

0

• Sistema cristalino: ortorrómbico
• Morfología: cristales en forma de prismas, tabulares y maclas
• Génesis rocas metamórficas y pegmatitas
• Paragénesis: junto a la turmalina, la espinela, el granate y el berilo
• Morfología: cristales tabulares con estrías paralelas en pinacoides y brillo vítreo. Los cristales de aspecto hexagonal tienen algunos entrantes característicos de las maclas. Pueden tener inclusiones tubulares muy finas que dan un aspecto sedoso al mineral sin tallar.
• Posibles confusiones: puede confundirse con la macla cíclica del aragonito, que es de distinto color, tiene menor dureza y está formado por la interpenetración de tres prismas con pinacoide. También con el topacio, pero éste presenta exfoliación basal.
• Yacimientos: antigua Unión Soviética, Brasil, Sri Lanka, Estados Unidos, etc.
• Usos: las variedades transparentes o translúcidas son talladas como gemas.

Propiedades curativas y espirituales

El ojo de gato proporcionan serenidad y paz interior; da fuerza para superar las dificultades.

Está indicada para el tratamiento de los problemas respiratorios. Tiene la propiedad de fortalecer el cerebro.

Es recomendable para personas de negocios, ejecutivos y empresarios, ya que les ayuda a vencer sus problemas.

Abre y fortalece los chakras del entrecejo y de la garganta.

Afinidad con los signos de Tauro, Cáncer, Escorpio y Piscis.

CRISOBERILO

Ojo de tigre

Etimología: por su color y aspecto característicos

Propiedades físicas
- Variedad del cuarzo
- Color: pardo amarillo
- Transparencia: de translúcido a opaco
- Las mismas propiedades físicas y ópticas que el cuarzo

Propiedades curativas y espirituales

El ojo de tigre limpia el organismo a todos los niveles.

Refuerza la fe en uno mismo y permite ver más allá de las cosas.

Es la llamada piedra de la libertad. Proporciona una gran fuerza interior, de la que emanan firmes decisiones. Es recomendable para personas introvertidas y necesitadas de estímulo.

Favorece los cambios sin rupturas traumáticas.

Portadora de buena suerte. Es un amuleto típico muy utilizado en Sudamérica. Es útil para combatir la artrosis y las afecciones del corazón y del cerebro. Contribuye eficazmente a la buena circulación de la sangre. Es el talismán más utilizado para prevenir y evitar el mal de ojo.

Abre el chakra del corazón.

Afinidad con los signos de Aries, Tauro, Géminis, Leo y Virgo.

Olivino

Etimología: de oliva, aceituna, por el color

Propiedades físicas
- También llamado peridoto
- Silicato de hierro y magnesio
- Dureza: de 6,5 a 7
- Brillo: graso, vítreo
- Color: verde oliva, verde amarillento, pardo rojizo
- Exfoliación: perfecta

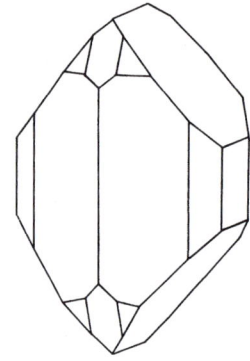

- Fractura: concoidea
- Transparencia: transparente
- Densidad: 3,5
- Sistema cristalino: ortorrómbico
- Morfología: cristales en forma de prismas pequeños y cortos. Combinación de tres prismas, tres pinacoides y bipirámide, generalmente aplanados según el primer o segundo pinacoide. A menudo aparece compacto. Cristales de aspecto tabular, brillo de vítreo a graso y con planos claros de exfoliación.
- Génesis: rocas magmáticas y aluviones
- Paragénesis: junto a la magnetita, la mica flogopita, el apatito y el diópsido
- Posibles confusiones: puede confundirse con el apatito prismático por la semejanza de color. Sin embargo, el apatito es mucho más blando y además presenta simetría hexagonal.
- Yacimientos: Australia, Brasil, Noruega y Estados Unidos
- Usos: a veces como piedra preciosa

Propiedades curativas y espirituales

El olivino se conoce como la piedra de la fidelidad. Expresa la justicia, el amor y el afecto hacia los demás.

Decía Alberto Magno que tenía la particularidad de devolver la leche a las mujeres que amamantan a sus hijos.

Es eficaz para detener hemorragias. Regenera los tejidos. Desintoxica el cuerpo de sustancias nocivas. Es recomendable para el tratamiento de depresiones y estados nerviosos.

Eleva la consciencia y realza el yo individual. Es especialmente indicado para combatir el estrés.

Permite tener una mayor visualización creativa.

Corresponde al chakra del corazón. Afinidad con los signos de Aries, Escorpio, Libra y Virgo.

Ónix

Etimología: del griego *ónix* = uña

Propiedades físicas

• Óxido

• Variedad de calcedonia

• Tiene las mismas propiedades físicas y ópticas de la calcedonia

• Color: negro, textura en zonas paralelas de diferentes colores

Propiedades curativas y espirituales

El ónix ayuda a pensar objetivamente. Está indicado para el tratamiento de la epilepsia y la depresión.

Muy utilizado por las personas que sufren de melancolía.

Estabiliza emocionalmente y mitiga el terror a lo desconocido y a lo oculto. Favorece y potencia la meditación. Está indicada para los que sufren de ronquera.

Tiene efectos estabilizadores para el organismo, restablece el orden y el buen funcionamiento de todo nuestro cuerpo.

Afinidad con el chakra basal. Corresponde a los signos de Aries, Sagitario y Tauro.

Ópalo

Etimología: del latín *opalus*

Propiedades físicas

• Óxido de silicio hidratado

• Dureza: de 5,5 a 6,8

• Brillo: vítreo, mate, céreo, graso

• Color: blanco, rojo, pardo, amarillo, verde, azul, negro, juego de colores

- Fractura: concoidea
- Exfoliación: carece de ella
- Transparencia: de transparente a opaco
- Densidad: de 2,2 a 2,5
- Sistema cristalino: carece de él, es amorfo
- Génesis: rocas volcánicas o sedimentarias en forma de costra y en recubrimientos de rocas
- Paragénesis: junto a la cristobalita y a la calcedonia.
- Usos: cerámica, industria química, material aislante contra ácidos, algunas variedades son empleadas como piedras finas.

Existe gran variedad de ópalos: ópalo noble, ópalo de fuego, ópalo común, ópalo blanco, prasópalo, ópalo leñoso, ópalo esponjoso, hialita, hidrofana, jasópalo, cacholong, etc.

Propiedades curativas y espirituales

Es recomendable para los que necesitan serenarse.

Tiene un gran poder para provocar situaciones románticas.

El ópalo da vigor y alegría al corazón de los débiles de espíritu y les ayuda a encontrar un camino que les conduzca a la paz y a la felicidad.

Se dice del ópalo que anula la deshonestidad. Ayuda a ampliar la consciencia. Actúa sobre la mente y las emociones.

Calma la depresión y la apatía.

Incrementa la fuerza del pensamiento.

Indicado para el tratamiento de las afecciones de los ojos.

Está indicado en el tratamiento de los trastornos hepáticos, del páncreas y del bazo.

Corresponde al chakra de la corona.

Afinidad con los signos de Géminis, Cáncer, Acuario, Sagitario y Aries.

Oropimente

Etimología: del latín *aurum* = oro y *pigmentum* = pigmento

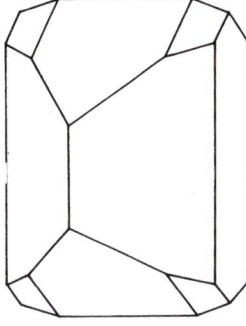

Propiedades físicas

- Sulfuro de arsénico
- Dureza: de 1,5 a 2
- Brillo: graso y nacarado
- Color: amarillo anaranjado, amarillo dorado
- Exfoliación: perfecta
- Fractura: concoidea, astillosa
- Transparencia: transparente
- Densidad: 3,5
- Sistema cristalino: monoclínico
- Morfología: cristales en forma de maclas y prismas cortos
- Génesis: yacimientos hidrotermales
- Paragénesis: junto al cinabrio, el rejalgar, la antimonita, etc.
- Yacimientos: bastante raros; antigua URSS, Estados Unidos, Perú
  Se encuentran grandes cristales en Alemania, Suiza, etc.
- Usos: como pigmento y piedra ornamental

Propiedades curativas y espirituales

El oropimente es la piedra del interés.

En la antigua Mesopotamia se regalaba con el único fin de alcanzar algún favor de la persona obsequiada.

Está indicada en el tratamiento de dolores en general, así como para la prevención de gripes y catarros.

Es muy utilizado en magia ritual y hechizos.

Abre y fortalece el chakra de la corona.

Afinidad con los signos de Aries, Escorpio y Acuario.

O | Ortosa

Etimología: del griego
orthós = recto

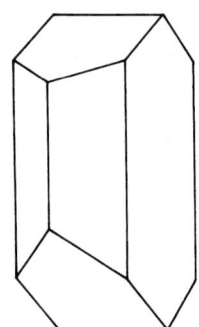

Propiedades físicas

• Silicato
• Dureza: 6
• Brillo: nacarado, vítreo
• Color: blanco, amarillento, incoloro, rojizo, y con reflejos azulados
• Exfoliación: perfecta
• Fractura: astillosa, concoidea
• Transparencia: los cristales transparentes se conocen con el nombre de adularia
• Sistema cristalino: monoclínico

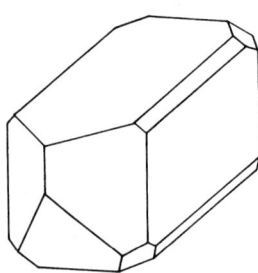
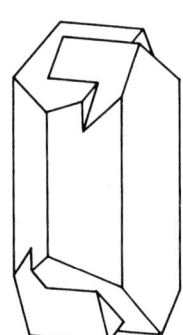

• Morfología: cristales en forma de maclas, tablillas y prismas
• Génesis rocas magmáticas, pegmatitas y yacimientos hidrotermales
• Paragénesis: junto a la plagioclasa, el cuarzo y las micas
• Yacimientos: muy abundantes
• Usos: industria cerámica y del vidrio

Propiedades curativas y espirituales
A la ortosa se la conoce como la piedra del destino.
Se recomienda en caso de patologías del cerebro. Está indicada para combatir jaquecas, migrañas y fuertes dolores de cabeza. Estabiliza el páncreas y el bazo.

Es muy eficaz en tratamientos de obesidad, así como para aliviar padecimientos del tracto urinario. Remedia los dolores ocasionados por cálculos biliares y tiene un efecto refrescante en caso de fiebre.

Es eficaz en el tratamiento de la anorexia y de la falta de apetito.

Abre el chakra del bazo.

Afinidad con los signos de Géminis, Cáncer, Sagitario y Capricornio.

Perla

Etimología: probablemente del latín vulgar *permula,* diminutivo de *perna,* especie de ostra

Propiedades físicas

La perla ocupa y debe ocupar siempre una posición única y destacada aunque su dureza sea bastante inferior a la requerida en otras gemas.

Es considerada una de las gemas más importantes, aunque se diferencia de las demás a causa de su origen: se forma en un ser vivo.

La perla se origina cuando un molusco deposita una sustancia denominada nácar alrededor de un agente irritante.

En principio, cualquier molusco con concha podría producir perlas, pero sólo aquellos que tienen la parte interior perlada (nacarada) son capaces de crear una perla útil como gema.

La formación de la perla es un caso anormal, un incidente en el proceso biológico que produce la concha.

Las perlas de calidad se originan en agua salada casi exclusivamente por la especie de molusco *pinctada.*

También algunos ejemplares de agua dulce llegan a producir perlas nacaradas de gran belleza. Las mejores perlas de río aparecen en el *unio,* molusco que vive en los ríos de Europa y América.

Aunque el aspecto de las perlas de agua dulce sea bastante agradable, nunca llega a igualar al de las perlas orientales de agua salada.

P

La perla de tipo *blister* o ampolla se produce cuando un elemento irritante (grano de arena, trocito de concha o incluso algún animal perforador) queda situado entre el manto y la concha. Debido a que se desarrolla adherida a la concha, su forma no puede ser totalmente esférica.

La perla está formada en un 82-86% por carbonato cálcico en forma de aragonito; en un 2-4% de agua y en un 10-14% de conquiolina (sustancia de tipo córneo).

- Dureza: de 2,5 a 4,5
- Peso específico: 2,60 a 2,79
- Brillo: nacarado, conocido como oriente
- Color: blanco, tonos suaves de rosa, amarillo, azul, gris y negro

La forma de las perlas puede variar enormemente: pueden ser esféricas, periformes o en forma de botón. Las perlas de forma irregular se denominan barrocas y las muy diminutas, perlas semilla.

La vida de una perla se estima que alcanza de 100 a 150 años, debido a su composición orgánica.

Existen las llamadas perlas cultivadas, las de tipo blister, quiste y sin núcleo.

Propiedades curativas y espirituales

La perla es el símbolo de la amabilidad, de la lealtad y de la justicia.

Absorbe la energía negativa y tranquiliza a la persona.

Indica inocencia, pureza y modestia.

Está indicada para personas que sufren de palpitaciones del corazón. Es recomendable para los que padecen de miedos y angustias, así como para el tratamiento de las afecciones en los ojos.

Abre el chakra basal.

Afinidad con los signos de Aries, Capricornio, Libra y Géminis.

Piedra de luna

Propiedades físicas
- Las mismas propiedades físicas y ópticas de la ortosa
- Es transparente y con tonos azulados
- Si se talla en cabujón aparece una franja blanca en el centro de la misma.

Propiedades curativas y espirituales

La piedra de luna ayuda en el proceso de crecimiento interior.

Se la conoce como piedra espiritual.

Se recomienda para el tratamiento de los desarreglos menstruales y de los problemas endocrinos. También es útil para combatir el asma, la dificultad de respirar, los dolores de cabeza de toda índole y los procesos febriles.

Cura las impurezas de la piel.

Corresponde al chakra de la corona.

Afinidad con los signos de Acuario, Leo, Piscis, Géminis y Sagitario.

Piedra del sol

Propiedades físicas

- Silicato
- Dureza: de 6 a 6,5
- Brillo: vítreo, nacarado
- Color: amarillo dorado
- Exfoliación: perfecta
- Fractura: desigual
- Transparencia: de transparente a translúcida
- Densidad: de 2,60 a 2,83
- Sistema cristalino: triclínico
- Morfología: cristales en forma de maclas, prismas y tablillas
- Génesis: rocas metamórficas, magmáticas y filones
- Paragénesis: junto a la ortosa, el cuarzo, las micas, la moscovita y la biotita

Propiedades curativas y espirituales

Se la conoce como piedra de la sensualidad.

La piedra del sol está indicada para el tratamiento de los trastornos del aparato reproductor, los vómitos y los mareos. Se recomienda a los viajeros y aventureros. Es eficaz en el tratamiento de enfermedades tropicales y exóticas.

En Sudamérica es muy apreciada por su valor antiséptico y esterilizante.

Abre el chakra de la corona.

Afinidad con los signos de Escorpio, Sagitario, Capricornio y Libra.

Pirita

Etimología: del griego *pŷr* = fuego

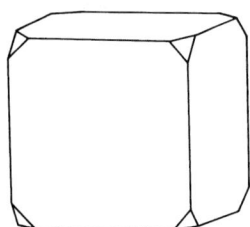

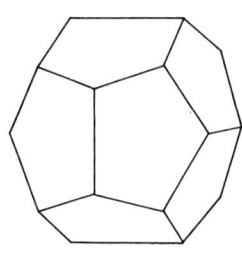

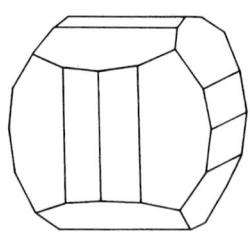

Propiedades físicas
- Sulfuro de hierro
- Brillo: metálico
- Color: amarillo latonado, amarillo, irisado
- Exfoliación: carece de ella
- Fractura: desigual, concoidea
- Transparencia: opaca
- Densidad: de 5 a 5,5
- Sistema cristalino: cúbico (holoedria)
- Morfología: cristales en forma de cubos, octaedros, dodecaedros, pentagonododecaedros, maclas, etc.

Las formas más habituales son el cubo y el dodecaedro pentagonal paramórfico. El octaedro es frecuente y la macla de los dodecaedros es típica (macla «cruz de hierro»). También se encuentra en agregados masivos e irregulares, concreciones, impregnaciones y revestimientos.

Los cristales acostumbran a estar bien conformados y son de un brillo metálico resplandeciente. Las caras aparecen rayadas por estrías perpendiculares entre sí en caras adyacentes.
- Génesis: rocas magmáticas, sedimentarias y yacimientos hidrotermales
- Paragénesis: esfalerita, galena, cuarzo,

marcasita, arsenopirita, etc.

• Posibles confusiones: puede confundirse con el oro, la marcasita y la calcopirita. El oro es mucho menos denso (4 veces menos), de menor dureza y mucho más dúctil y maleable. La marcasita tiene la misma composición pero es menos densa, tiene un color más intenso y pertenece al sistema rómbico. La calcopirita es más blanda y pertenece al sistema tetragonal.

• Identificación: las características mas importantes son el hábito paramórfico, las estrías de sus caras, el color, el brillo metálico y las caras semejantes a espejos. Además, destaca la macla de cruz de hierro de la pirita.

• Yacimientos: España, Alemania, Italia, Suiza, Gran Bretaña, Portugal y Suecia. En general son muy abundantes.

• Usos: fabricación de ácido sulfúrico; a veces, pequeños cristales aislados se tallan en cabujones y son comercializados con el nombre de marcasitas.

Propiedades curativas y espirituales

La pirita aporta bienestar y paz en el hogar. Es la llamada piedra de la casa.

Se utiliza desde la antigüedad para curar la gastritis, las flatulencias y los problemas del aparato digestivo en general. Está indicada para el tratamiento de problemas del sistema circulatorio.

Es recomendable en caso de afecciones de gota. También combate la artrosis. Es útil en el tratamiento de enfermedades hepáticas de cualquier especie porque activa el funcionamiento lento del hígado; se demuestra muy eficaz en casos agudos de hemorroides.

Corresponde al chakra del entrecejo. Afinidad con los signos de Capricornio, Aries, Sagitario, Piscis y Libra.

Prehnita

Etimología: del coronel holandés *van Prehn*

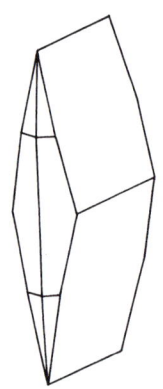

Propiedades físicas

• Silicato de calcio y aluminio hidratado
• Dureza: de 6 a 6,5
• Brillo: vítreo, nacarado
• Color: gris, amarillo verdoso, verde
• Fractura: desigual
• Exfoliación: buena
• Transparencia: de transparente a translúcida
• Densidad: de 2,8 a 3,2
• Sistema cristalino: ortorrómbico
• Morfología: cristales en forma de prismas y tablillas. Son raros los cristales bien definidos. Se hallan en cavidades dentro de las rocas, en forma de agrupaciones reniformes de cristales planos.
• Génesis: yacimientos hidrotermales
• Paragénesis: aparece junto a zeolitas, calcitas, etc.
• Yacimientos: Australia, Estados Unidos, China, Escocia, Sudáfrica y España
• Usos: como piedra decorativa; si tiene buena transparencia, como gema.

Propiedades curativas y espirituales

La prehnita es la piedra de la pureza.

En los países del centro de África se regalaban piedras de prehnita en las ceremonias nupciales como símbolo de virginidad.

Representa el poder y la confianza en uno mismo. Elimina la timidez.

Está indicada para los que sufren de ciática, lumbago y dolores abdominales. Da buenos resultados en el tratamiento del acné. Remedia la mala digestión y puede utilizarse en pacien-

tes con hiperacidez o gastritis. Eficaz en el tratamiento de toda dolencia relacionada con el aparato circulatorio. Puede utilizarse en casos de anemia o de debilidad general.

Abre y fortalece el chakra del corazón.

Afinidad con los signos de Aries, Cáncer, Sagitario, Acuario y Piscis.

Rodocrosita

Propiedades físicas

Etimología: del griego *rhódon* = rosa y *chrôma* = color

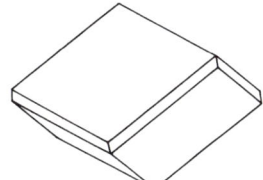

- Carbonato de manganeso
- Dureza: 4
- Brillo: vítreo
- Color: rosa, gris, pardo rojizo
- Exfoliación: perfecta
- Fractura: concoidea, desigual
- Transparencia: translúcida
- Densidad: de 3,3 a 3,7
- Sistema cristalino: romboédrico
- Morfología: cristales en forma de tablillas, romboedros, prismas
- Génesis: rocas pegmatitas, sedimentarias y yacimientos hidrotermales
- Paragénesis: galena, pirita y blenda

Propiedades curativas y espirituales

A la rodocrosita se la conoce como la piedra de la vitalidad.

Despierta el amor y la compasión hacia nuestros semejantes. Induce al altruismo.

Genera sentimientos de serenidad y armonía interior.

Está indicada para los que sufren de insomnio. Se recomienda en caso de afecciones de hígado y de vesícula.

R

Se utiliza en el tratamiento de las enfermedades respiratorias, especialmente el asma. Combate con eficacia los dolores de cabeza y las migrañas. También es útil en el tratamiento del lumbago.

Previene los ataques mentales y los traumas emocionales extremos. Abre y fortalece el chakra del plexo solar.

Afinidad con los signos de Sagitario, Piscis, Libra, Aries, Escorpio y Acuario.

Rodonita

Etimología: del griego
rhódon = rosa

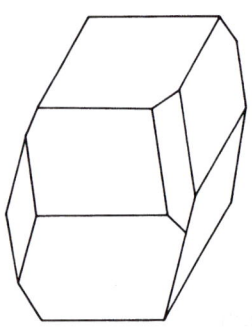

Propiedades físicas
• Silicato de manganeso y calcio
• Dureza: de 5,5 a 6,5
• Brillo: nacarado, vítreo
• Color: rojo, pardo rojizo, rosa
• Transparencia: translúcida
• Fractura: desigual
• Exfoliación: perfecta
• Densidad: 3,74
• Sistema cristalino: triclínico
• Morfología: cristales tabulares y prismáticos
• Génesis: rocas metamórficas y yacimientos hidrotermales
• Paragénesis: aparece junto a la magnetita y el granate.
• Yacimientos: frecuentes; Alemania, Checoslovaquia, España, antigua URSS, Suecia

**Propiedades curativas
y espirituales**
La rodonita es símbolo de amistad. En la antigüedad se regalaba para expresar este sentimiento.

Sus vibraciones fortalecen el espíritu.

Es utilizada como consejera en períodos de confu-

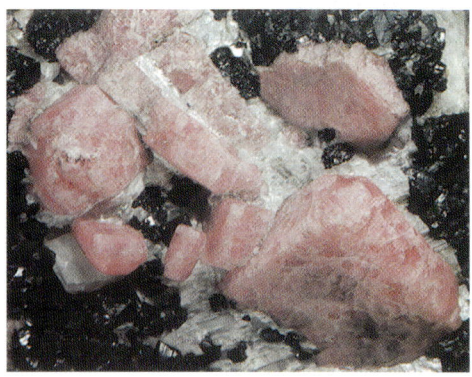

sión. Está indicada para las personas que sufren de problemas del sistema nervioso central. Es útil para combatir el estrés.

Su acción es eficaz en tratamientos de urticaria. Combate los desarreglos menstruales.

Corresponde al chakra del bazo.

Afinidad con los signos de Acuario, Escorpio, Sagitario, Piscis y Virgo.

Rubelita

Etimología: del latín *rubellus* = rojizo

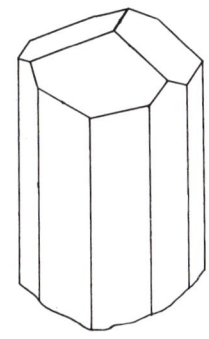

Propiedades físicas

- Silicato
- Variedad de elbaíta
- Dureza: de 7 a 7,5
- Brillo: vítreo
- Color: rosa, rosa vivo, rojo
- Transparencia: transparente
- Exfoliación: imperfecta
- Fractura: concoidea, astillosa
- Densidad: de 2,9 a 3,3
- Sistema cristalino: romboédrico
- Morfología: cristales aciculares y prismáticos
- Génesis: rocas pegmatitas
- Paragénesis: mica, lepidolita y microclina

Propiedades curativas y espirituales

La rubelita es eficaz en el tratamiento del asma y de las afecciones bronquiales.

También se utiliza contra las fiebres de cualquier etiología.

Se recomienda a las personas que sufren de insomnio. Es eficaz contra la psoriasis.

Aumenta la claridad mental y la intuición.

Simboliza la estabilidad emocional y la propia concepción del mundo.

Abre el chakra de la corona.

Afinidad con los signos de Géminis, Cáncer, Escorpio y Acuario.

Rubí

Etimología: del latín *rubeus* = rojo

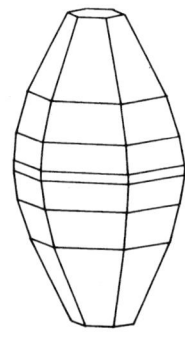

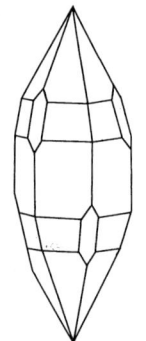

Propiedades físicas

• Corindón rojo

• Óxido de aluminio con pequeñas porciones de cromo, que es el responsable del color rojo

• Dureza: 9

• Brillo: graso, vítreo

• Transparencia: transparente

• Color: rojo, sangre de pichón

• Exfoliación: carece de ella. Algunos ejemplares presentan una falsa exfoliación que tiene lugar según el plano de macla de cohesión más débil

• Fractura: concoidea

• Peso específico: de 3,99 a 4,00

• Brillo: vítreo, en algunos ejemplares subdiamantino

• Sistema cristalino: romboédrico

• Morfología: el rubí se presenta en prismas hexagonales rematados por pinacoides y a veces por bipirámides. Las caras del pinacoide suelen presentar caras triangulares de crecimiento.

El aspecto externo de estos cristales es basto, con profundas estrías transversales y brillo vítreo.

El corindón puede presentar asterismo y entonces se denomina rubí estrella. En estos ejemplares aparece una estrella de seis puntas, que se origina por la luz que se refleja en las inclusiones aciculares de rutilo. El valor de la piedra estrella depende de la intensidad del color y del brillo de la estrella.

• Inclusiones: las más importantes son las de tipo seda; los cristales de rutilo, que se cortan en ángulos de 60° y 120°; los cristales de circón, y las bandas rectas de coloración, que forman ángulos de 120°.

También se dan inclusiones de cristales octaédricos de espinela, hematites, granate, corindón, calcita, etc.

• Yacimientos: casi siempre en gravas, arenas y terrenos arcillosos procedentes de la descomposición de masas rocosas por la acción de los agentes atmosféricos: Birmania, Tailandia, Sri Lanka, Estados Unidos, Siam y Tanzania.

• Usos: se utiliza como piedra fina o como gema.

Propiedades curativas y espirituales

Se dice del rubí que da inteligencia, honor y progenie. Contribuye al desarrollo espiritual y sentimental. Da vitalidad, salud, larga vida y éxito en el mundo material. Otorga un poder especial en el área política.

Está indicado en el tratamiento de la impotencia y las pérdidas seminales, los trastornos cardíacos, la tuberculosis, la pérdida de visión, la indigestión, las fiebres prolongadas, la pérdida de apetito, la diabetes, la hipertensión, los problemas mentales, la hipotensión, la tos seca, la debilidad y los miedos.

También es eficaz en el tratamiento de enfermedades infecciosas, en caso de leucemia y de problemas del sistema inmunológico.

Elimina los obstáculos emocionales. Refuerza la confianza en uno mismo y en las relaciones con los demás. Mejora la intuición. Acrecienta la habilidad negociadora.

Es la llamada piedra de la confianza.

Portadora de buena suerte en el juego y en el amor. Facilita la expresión del amor.

R

Ahuyenta los malos pensamientos. Preserva de los malos sueños, y propicia los buenos.

Aleja la tristeza. Reprime la lujuria.

Abre los chakras del plexo solar, del bazo y del entrecejo.

Afinidad con los signos de Aries, Capricornio, Géminis, Virgo, Piscis, Libra, Sagitario, Tauro y Acuario.

Rutilo

Etimología: del latín *rutilus* = rojizo

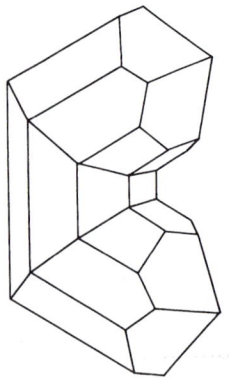

Propiedades físicas

• Óxido de titanio
• Dureza: de 6 a 6,5
• Brillo: diamantino, semimetálico, graso
• Color: rojo, amarillo, pardo negruzco, pardo rojizo
• Transparencia: translúcido
• Fractura: concoidea, irregular
• Exfoliación: muy buena
• Densidad: de 4,2 a 4,4
• Sistema cristalino: tetragonal
• Morfología: cristales agregados granulares, cristales bien definidos, agujas, cabellos llamados «cabello de venus».

• Génesis: rocas metamórficas, magmáticas y aluviones
• Paragénesis: apatito, anatasa, titanita, cuarzo, etc.

Propiedades curativas y espirituales

El rutilo se conoce como la piedra de la creatividad. Ayuda a crear con espíritu positivo.

Es útil como amuleto para aquellos que se marcan metas y éxitos personales.

Unido al cristal de roca forma el llamado cuarzo ruti-

lado, del que destaca su efecto relajante. Está indicado en el tratamiento de las enfermedades nerviosas, la depresión y los estados de decaimiento.

Da fuerza espiritual y física y ayuda a alcanzar cimas muy altas.

Induce a la tranquilidad y a la meditación.

Es recomendable en caso de afecciones pulmonares. Purifica la sangre y ayuda a la buena circulación.

Abre el chakra del corazón.

Afinidad con los signos de Capricornio, Libra, Sagitario, Aries, Leo, Escorpio, Cáncer y Géminis.

Siderita

Etimología: del griego
siderítis = hierro

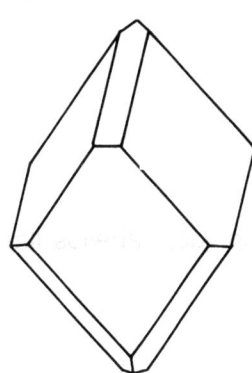

Propiedades físicas
• Carbonato de hierro
• Dureza: de 4 a 4,5
• Brillo: vítreo, nacarado
• Exfoliación: perfecta
• Fractura: concoidea, desigual
• Color: amarillo, pardo amarillento, pardo, gris con reflejos e irisaciones metálicas
• Transparencia: de transparente a translúcida
• Densidad: de 3,7 a 3,9
• Sistema cristalino: romboédrico
• Morfología: cristales en forma de prismas, romboedros y maclas

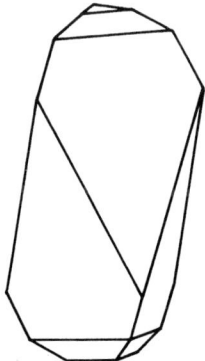

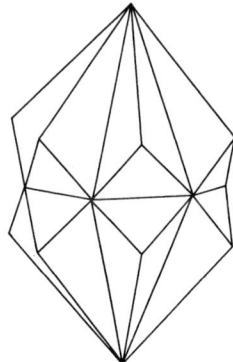

127

S

• Génesis yacimientos hidrotermales y rocas sedimentarias
• Paragénesis: tetraedrita, calcopirita, baritina, pirita, cuarzo, etc.

Propiedades curativas y espirituales
La siderita se conoce como piedra del entusiasmo.

Está indicada para erradicar miedos. Ayuda a combatir la desesperanza y el abatimento. Reequilibra las polaridades.

Regenera la circulación energética, sobre todo a lo largo de la columna.

Está recomendada en procesos neuróticos. Da buenos resultados en aquellos a los que les falta coraje para afrontar los problemas de la vida cotidiana.

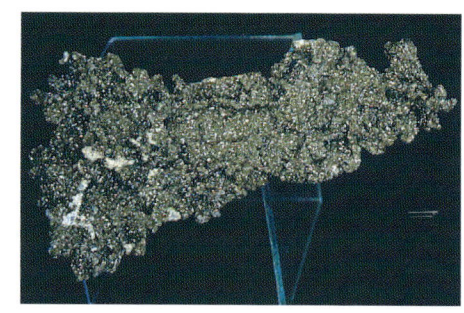

Es útil cuando hay una carencia de ternura a causa de prejuicios o conceptos muy arraigados.

Libera la bondad y la generosidad.

Abre los chakras basal y del entrecejo.

Afinidad con los signos de Aries, Cáncer, Libra, Tauro, Géminis, Sagitario, Capricornio, Escorpio y Piscis.

Sodalita

Etimología: de *sodio* y el griego *lithos* = piedra

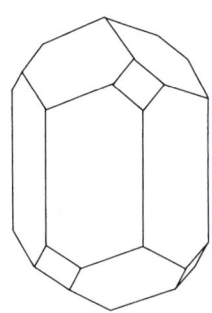

Propiedades físicas
• Silicato de sodio
• Dureza: de 5 a 6
• Brillo: vítreo, graso
• Exfoliación: perfecta
• Fractura: desigual, concoidea
• Color: azul, gris, verde, blanco
• Transparencia: de translúcida a no transparente
• Sistema cristalino: cúbico
• Morfología: cristales en forma de maclas

- Génesis: rocas magmáticas
- Paragénesis: titanita, nefelina, circón, etc.
- Yacimentos: Italia, Alemania, Birmania, Portugal, Estados Unidos y Canadá

Propiedades curativas y espirituales

La sodalita está indicada para personas egocéntricas y vanidosas; ayuda a la comprensión de los problemas ajenos y es útil en conflictos con el ego y en los relacionados con el arquetipo del padre.

Es recomendable en caso de problemas de asimilación de alimentos y para el tratamiento de enfermedades relacionadas con los huesos.

Compensa el exceso de actividad intelectual y sirve para estimular la mente en caso necesario.

Despierta los mecanismos de autocuración que todos tenemos. Se recomienda en casos de relaciones posesivas o separaciones dolorosas.

Abre los chakras del corazón, basal y del plexo solar.

Afinidad con los signos de Aries, Libra, Capricornio, Sagitario, Tauro, Cáncer, Piscis, Acuario, Virgo y Géminis.

Topacio

Etimología: de la isla de Topazion, en el mar Rojo

Propiedades físicas

Un error mantenido durante mucho tiempo afirmaba que todas las piedras amarillas eran topacios y que todos los tipos de topacio eran amarillos. Hoy en día, el término topacio ha pasado a designar una especie mineral cuya composición química es fluosilicato de aluminio. El F y el OH se pueden sustituir entre sí (isomorfismo). La presencia de flúor aumenta el peso específico y disminuye el índice de refracción. El OH provoca lo contrario.

T

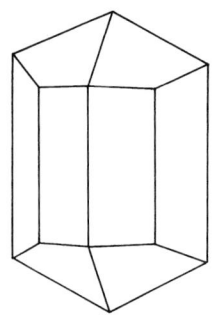

• Dureza: 8
• Brillo: vítreo
• Color: incoloro, amarillo oro, amarillo, rojo, azulado, rosa, pardo y verdoso
• Pleocroísmo: el topacio amarillo presenta un tricroísmo amarillo-marrón-amarillo-naranja.
• Exfoliación: perfecta
• Fractura: desigual, concoidea
• Inclusiones: los topacios incoloros, azules y pardos, ricos en flúor, acostumbran a tener cavidades con dos o hasta tres líquidos inmiscibles. Suelen tener forma de gota y las burbujas pueden estar una dentro de la otra. Los topacios color jerez y rosa acostumbran a tener cavidades alargadas, en forma de tubito.
• Transparencia: transparente, translúcido
• Densidad: de 3,5 a 3,6
• Sistema cristalino: ortorrómbico
• Morfología: cristales prismáticos, estriados verticalmente y paralelos al eje C
• Génesis: yacimientos hidrotermales y rocas pegmatitas, mesatomáticas y aluviones
• Paragénesis: fluorita, cuarzo, turmalina y casiterita.
• Yacimientos: el topacio se forma por la acción de vapores ricos en flúor desprendidos al finalizar la solidificación de las rocas ígneas. Se puede encontrar en vetas y en forma de cantos rodados. Los yacimientos más importantes están en Ouropreto (Brasil), Estados Unidos, Rusia, Sajonia, Japón, México y en las gravillas preciosas de Sri Lanka y Birmania.

Propiedades curativas y espirituales
El topacio ayuda a canalizar la energía del amor y de la curación. Esta piedra nos ayuda a abrirnos al conocimiento de la dimensión de la energía y de la luz.

Es conocida como la piedra de la franqueza y de la verdad.

Está indicada para combatir la timidez. Aclara la mente en las circunstancias en que uno trata de manifestarse verbalmente ante otros: es la piedra de los oradores.

El topacio actúa sobre los vehículos mentales y físicos del hombre. Nos ayuda a profundizar en nosotros mismos. Contribuye a liberar energías reprimidas, «atascadas», que son vitales en el aquí y ahora humano, tales como la sexualidad, el instinto de conservación y la agresividad.

El topacio acrecienta la esperanza y tiene la facultad de suavizar las personalidades difíciles. Se dice de esta piedra que emana una gran fuerza amorosa.

Es útil para combatir los dolores de cabeza. Retrasa el envejecimiento. Se recomienda en caso de afecciones del sistema nervioso, gota y hemorragias. Corrige el desequilibrio emocional. Alivia el estrés, la depresión y las preocupaciones. Controla la envidia y los celos.

Aplicada a los riñones, ayuda a disolver las piedras y cálculos renales.

Abre los chakras del entrecejo, del plexo solar y del bazo.

Afinidad con los signos de Aries, Cáncer, Capricornio, Piscis, Libra Sagitario, Géminis, Tauro, Acuario, Escorpio, Virgo y Leo.

Turmalinas (grupo de minerales)

Etimología: del malayo *tournamal*

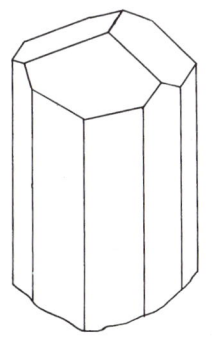

Propiedades físicas
• Silicato
• Dureza: de 7 a 7,5
• Brillo: vítreo
• Color: de pardo a pardo verdoso o negruzco (dravita), negro (chorlo), incoloro (acroíta), azul a verde azulado (indigolita), rosa a rojo vivo (rubelita) y verde (verdelita)
• Exfoliación: imperfecta
• Fractura: concoidea, desigual
• Transparencia: transparente, translúcida, opaca

T

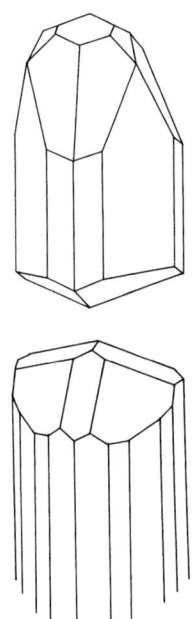

• Densidad: de 2,9 a 3,4
• Sistema cristalino: romboédrico
• Morfología: cristales prismáticos, aciculares
• Génesis: rocas magmáticas, metamórficas y yacimientos hidrotermales
• Paragénesis: cuarzo, blenda y casiterita

La turmalina es uno de los minerales más interesantes que existen. Como piedra preciosa, supera a las demás en lo que a variedad de color se refiere.

Se da el caso de que algunos cristales presentan dos o más colores; las piedras talladas a partir de ellos también tienen coloración partida.

Los cristales prismáticos presentan estrías verticales paralelas al eje C. Esta forma suele ser una combinación de un prisma trigonal y un prisma hexagonal de segundo orden, que da una sección triangular característica.

Cristaliza en una clase de simetría inferior que no posee centro de simetría, por lo que ambas puntas o bases del cristal no son iguales (hemimorfismo).

Puede ser piezoeléctrica, que es la capacidad que poseen algunos materiales para cargarse eléctricamente al ser calentados; la carga es positiva y negativa en los polos opuestos.

La composición química de la turmalina es muy compleja, y no existe una fórmula determinada que refleje sus variaciones. Se trata de un borosilicato que, dependiendo de la presencia y proporción de sodio, calcio, aluminio, litio, magnesio, hierro, etc., da las cuatro variedades descritas anteriormente.

Las inclusiones suelen ser cavidades filamentosas con apariencia de tubos con líquido y a veces con una burbuja de gas (bifásicas). Estos tubos suelen ser paralelos al plano longitudinal del cristal y, si son numerosos, producen un efecto de ojo de gato. También abundan las películas planas que, según cómo se observen, pueden parecer manchas negras.

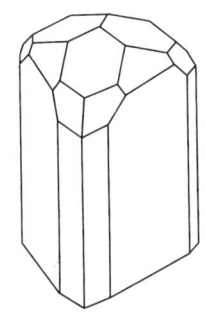

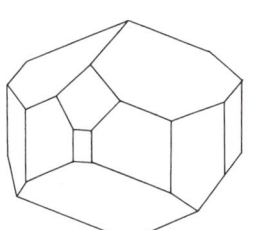

• Génesis: la turmalina se encuentra en rocas ígneas y metamórficas como mineral accesorio, raramente de calidad preciosa. Las que poseen calidad preciosa suelen encontrarse en las pegmatitas.

• Yacimientos: abundantes; importantes en la isla de Elba, Madagascar, el suroeste de África, Mozambique, Brasil, los Urales y depósitos aluviales en Sri Lanka y Birmania. También en Estados Unidos.

Propiedades curativas y espirituales

La turmalina es símbolo de la pasión y posee la vibración del amor, una de las más positivas y elevadas. Aviva el amor y la atracción.

Está indicada en el tratamiento de afecciones de la piel. Relaja el sistema nervioso y permite a quien la lleva concentrarse en cualquier asunto y permanecer ocupado mentalmente más tiempo del que suele.

Proporciona gentileza y ternura, así como equilibrio emocional.

La turmalina concede serenidad, sabiduría e intuición.

Su acción es eficaz contra la melancolía y tristeza.

La turmalina no absorbe la energía negativa, sino que la expulsa hacia la tierra, de manera que descarga y libera de la misma a la persona.

Tiene la propiedad de rejuvenecer y regenerar tanto física como espiritualmente. Destruye las formas negativas del pensamiento y es igualmente eficaz para cambiar viejos modelos de conducta y hábitos.

Aumenta la capacidad de discernir y tomar decisiones.

T

Acrecienta la sabiduría, el ingenio y la agudeza mental. Es muy útil para los estudiantes.

Es portadora de prosperidad y suerte en asuntos de trabajo y económicos.

Es eficaz en la meditación e induce al individuo a avanzar espiritualmente.

Alivia los dolores producidos por el cáncer y otros dolores agudos. Ayuda a detener el crecimiento irregular de las células.

Está indicada para curar cálculos renales.

Las vibraciones de la turmalina regulan el sistema endocrino y equilibran las secreciones y los niveles hormonales.

Abre los chakras de la garganta, el corazón, plexo solar y bazo.

Afinidad con los signos de Aries, Tauro, Géminis, Cáncer, Leo, Virgo, Libra, Escorpio, Sagitario, Capricornio y Acuario.

Turquesa

Etimología: de Turquía, de donde llegaron a Europa las primeras turquesas

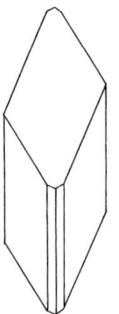

Propiedades físicas

• Fosfato de cobre y aluminio
• Dureza: de 5 a 6
• Brillo: graso
• Color: de azul claro a verde manzana
• Fractura: concoidea, desigual
• Exfoliación: buena
• Densidad: de 2,6 a 2,8
• Sistema cristalino: triclínico
• Morfología: cristales en masas reniformes

Las turquesas están mezcladas con un material amorfo de color blanco; cuanto mayor es la cantidad de este material, más pálidas y porosas son.

• Transparencia: de opaca a semitranslúcida

• Variedades: *turquesa persa,* de color azul muy intenso. Es la más valorada; Irán, Afganistán.

turquesa egipcia: más verdosa y translúcida; Sinaí.

turquesa americana: de color azul verdoso, Estados Unidos, México y Canadá.

Con la luz solar algunas turquesas palidecen, y al contacto con el sudor, las grasas, los perfumes, etc. tienden a volverse verdosas.

• Usos: la turquesa se ha empleado como gema desde los tiempos más antiguos. En Egipto, desde el año 3000 a.C. También se utilizó en las civilizaciones primitivas de América central.

Debido a que es un material poco translúcido, su estructura interna no puede ser bien estudiada.

Como es un material criptocristalino, sus índices de refracción sólo se pueden determinar aproximadamente y no pueden ser considerados verdaderas constantes físicas.

Es un material poroso, lo que permite que sea impregnado fácilmente con ceras, plásticos o disoluciones diversas. Si añadimos a lo expuesto la existencia de varios minerales naturales cuyo aspecto es parecido al de la turquesa, así como la de una serie de imitaciones, algunas bien logradas, se comprende fácilmente la cantidad de problemas que acarrea la identificación exacta y segura de esta piedra.

Propiedades curativas y espirituales

La turquesa actúa sobre la comunicación y la facilidad de palabra.

Aumenta la capacidad creadora del pensamiento.

Es conocida como piedra de la alegría y el bienestar.

Reconocido amuleto para viajeros. Indicada para prevenir el mal de ojo los hechizos y la magia.

Absorbe la energía negativa.

Flexibiliza las actitudes y los patrones de pensamiento demasiado dogmáticos o fanáticos. Ayuda a ver el aspecto lúdico de la existencia y a contemplar la vida con más sentido del humor.

Purifica la sangre, por lo que está indicada para el tratamiento de los trastornos circulatorios. Expulsa del cuerpo las toxinas nocivas.

Es recomendable para los que sufren de dolores de cabeza, migrañas, cefaleas, así como dolores musculares.

Estimula la pituitaria de un modo beneficioso.

Aumenta la capacidad de memoria.

Mejora la absorción de los elementos nutritivos. Es útil para combatir la anorexia.

Se utiliza para combatir problemas oculares, de los conductos nasales y de las membranas mucosas.

Abre los chakras de la garganta, del corazón, del entrecejo y del plexo solar.

Afinidad con los signos de Aries, Tauro, Géminis, Cáncer, Leo, Virgo, Escorpio, Sagitario, Capricornio, Acuario, Piscis y Libra.

Variscita

Etimología: de *Variscia,* antiguo nombre de Voigtland

Propiedades físicas

• Fosfato de aluminio
• Dureza: de 4 a 5
• Brillo: graso, diamantino
• Color: verde, verde azulado, incoloro
• Fractura: concoidea
• Exfoliación: perfecta
• Transparencia: translúcido
• Densidad: 2,55
• Sistema cristalino: ortorrómbico
• Morfología: cristales en forma de prismas cortos y pseudooctaedros; cristales muy escasos, normalmente microcristalinos, que aparecen en masas compactas de nódulos y vetas.

• Génesis: rocas secundarias
• Paragénesis: limonita, wavellita, etc.
• Posibles confusiones: la variscita es un mineral entre verde y verde azulado que se parece a la turquesa, pero se distinguen de ella por su menor índice de refracción y por su menor peso específico.
• Usos: una parte se emplea para piedras talladas en cabujón, pero en los ejemplares más preciados únicamente se rebanan y se pulen los nódulos.

En Nevada (Estados Unidos), existe una fuente donde la mayor parte del material aparece en forma de concreciones de variscita en cuarzo o calcedonia y recibe el nombre de amatrix.

Propiedades curativas y espirituales

La variscita es conocida como la piedra de la sensualidad.

Los antiguos romanos la llevaban y regalaban como símbolo de virilidad y acercamiento físico entre las personas.

Se dice de esta piedra que despierta el lado infantil de las personas, el niño interior, el juego y la risa. Incrementa la capacidad lúdica y relaja las tensiones de la vida. Aporta sensación de ligereza y trivialidad a la vida cotidiana.

Está indicada para combatir problemas de insomnio. Incrementa el sentimiento de virilidad de los hombres.

Es recomendable para los que sufren de artrosis y de reuma.

A las personas dispersas, les ayuda a enfocar las prioridades y a concretar una línea de conducta.

Potencia la lucidez mental y ayuda a resolver problemas enquistados en el subconsciente. Mejora la memoria y la intuición, así como los trabajos de psicodinamia en relación con los sueños.

Abre los chakras del sacro, corazón, plexo solar y bazo.

Afinidad con los signos de Aries, Tauro, Géminis, Cáncer, Leo, Virgo, Libra Sagitario, Capricornio, Acuario y Piscis.

Wollastonita

Etimología: del mineralogista inglés W. H. Wollaston

Propiedades físicas
- Silicato de calcio
- Dureza: de 4,5 a 5
- Brillo: vítreo, sedoso
- Color: amarillo, gris, blanco
- Exfoliación: perfecta
- Fractura: concoidea
- Transparencia: translúcida
- Densidad: de 2,8 a 2,9
- Sistema cristalino: triclínico

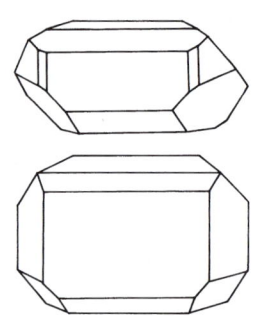

• Morfología: cristales en forma de tablillas normalmente alargadas
• Génesis: rocas metamórficas de contacto
• Paragénesis: vesubianita, granate, cuarzo, etc.
• Yacimientos: Rumania, Alemania, México, Estados Unidos, Namibia y Canadá
• Usos: para la fabricación de cerámicas, aislantes eléctricos, industria del papel, etc.

Propiedades curativas y espirituales

Coordina el cuerpo y la psique, el alma y la personalidad. Estimula la capacidad de escucharse y conocerse a uno mismo.

Alivia las tensiones y las alteraciones nerviosas. Es recomendable en situaciones de estrés.

Facilita a los tímidos la apertura y la comunicación con los demás.

Es de gran ayuda para los que sienten miedo a expresarse y a hablar en público.

Libera las tensiones de la garganta.

Facilita la comprensión de conceptos tales como ternura y dulzura.

Abre y fortalece los chakras del corazón, de la corona, de la garganta y basal.

Afinidad con los signos de Aries, Géminis, Piscis, Acuario, Virgo, Cáncer, Sagitario, Escorpio, Capricornio y Leo.

Zafiro

Etimología: del árabe *safir,* con influencia del latín *sapphirus*

Propiedades físicas

• Óxido de aluminio (alúmina)
• Dureza: 9
• Brillo: vítreo, en algunos ejemplares subdiamantino

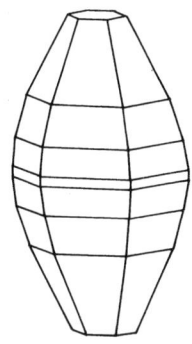

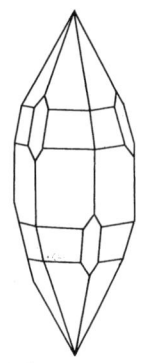

• Color: azul, azul claro, verde, amarillo; el color más apreciado es el llamado azul genciana.

• Transparencia: transparente, translúcido.

• Exfoliación: carece de ella. Algunos ejemplares ofrecen una falsa exfoliación que tiene lugar siguiendo el plano de la macla de cohesión más débil.

• Fractura: astillosa, concoidea

• Peso específico: de 3,9 a 4,1

• Sistema cristalino: romboédrico

• Morfología: se presenta habitualmente en bipirámides hexagonales con aristas vivas y coloración zonal. El aspecto externo de estos cristales es basto y con estrías profundas y transversales.

El zafiro presenta, al igual que el rubí, asterismo. El zafiro estrella se caracteriza por una estrella de seis puntas originada por la luz que se refleja en las inclusiones aciculares de rutilo.

Las inclusiones más frecuentes son: agujas de rutilo, que forman las llamadas sedas; circones con halo radiactivo; inclusiones trifásicas formadas por líquido, burbujas de gas y sólidos (por ejemplo, hematites); espinela, mica o calcita y bandas rectas de coloración.

• Yacimientos: Sri Lanka, Siam, Cachemira (India), Montana (Estados Unidos) y Australia

Propiedades curativas y espirituales

El zafiro se conoce como la piedra del comercio o de los comerciantes. Proporciona éxito y fama a quien lo lleva, así como prosperidad económica.

Activa el sentido de la verdad y de la sabiduría.

Eleva la conciencia y ayuda a sintonizar con el ser superior, los cuerpos astrales y los emocionales.

A aquellos que se consideran inferiores a los demás les ayuda a reconocer su justo valor.

Z También ayuda a las personas dispersas y con dificultad de concentrarse y mantener la atención. Es útil en trabajos y profesiones que requieren una atención máxima.

Mejora la acción del sistema muscular y alivia los calambres.

Se recomienda para el tratamiento de afecciones de reuma, artrosis y osteoporosis.

Las personas que sufren ciática o lumbago pueden aliviar sus dolores aplicando esta piedra en la zona dolorida.

Está indicada para los hipertensos. Da buenos resultados en el tratamiento de la ansiedad, la depresión y la falta de ánimo.

Abre y fortalece los chakras del corazón, del plexo solar y del entrecejo.

Afinidad con los signos de Aries, Tauro, Géminis, Cáncer, Leo, Virgo, Libra, Escorpio, Sagitario, Capricornio, Acuario y Piscis.

Zoisita

Etimología: de S. Zois, naturalista austríaco

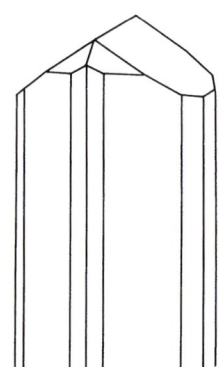

Propiedades físicas

- Silicato de calcio, aluminio
- Dureza: de 6 a 6,5
- Brillo: nacarado, vítreo
- Color: verde, rosa, pardo, blanco-gris, amarillento, rojo y azul (tanzanita)
- Exfoliación: buena
- Fractura: desigual
- Densidad: de 3,2 a 3,5
- Sistema cristalino: octorrómbico
- Morfología: cristales prismáticos
- Yacimientos: Estados Unidos, Tanzania
- Usos: a veces,como piedra fina y ornamental

Propiedades curativas y espirituales

La zoisita es muy utilizada para combatir la fiebre, la tos, los resfriados, los problemas respiratorios y la debilidad de los huesos.

Es muy eficaz para aliviar a los que sufren de reuma y dolores en las articulaciones, así como dolores de ciática y lumbago.

Es la llamada piedra de los sufridores.

En la antigua Grecia se obsequiaba con esta piedra a las personas cargadas de problemas y agobiadas por las preocupaciones.

Se recomienda para combatir las envidias y los celos infundados.

Abre el chakra basal.

Afinidad con los signos de Aries, Tauro, Géminis, Capricornio, Sagitario, Escorpio y Acuario.

Z

Las piedras y
los signos del zodíaco

Éstas son las piedras que ayudan a potenciar las virtudes y a vencer los obstáculos de los nativos de:

ARIES

actinolita

aguamarina

amazonita

analcima

atacamita

aventurina

azabache

azurita

blenda

calcedonia

calcopirita

casiterita

celestina

cerusita

cinabrio

cloritas

cristal de roca (cuarzo)

cuarzo amatista

diamante

esfalerita

esteatita

jade

jaspe leopardo

labradorita

magnetita

malaquita

ojo de tigre

olivino

oropimente

perla

pirita

prehnita

rodocrosita

rubí

rutilo

siderita

sodalita

topacio

turmalinas

turquesa

variscita

wollastonita

zafiro

Éstas son las piedras que ayudan a potenciar las virtudes y a vencer los obstáculos de los nativos de:

TAURO

ágata musgosa	cuarzo rosa
ágata fuego	cuarzo rutilado
aguamarina	diamante
alejandrita	esfalerita
amazonita	fluorita
ámbar	jade
ambligonita	jaspe rojo
analcima	lapislázuli
andalucita	magnetita
apatito	malaquita
aragonito	obsidiana
aventurina	ojo de gato
azabache	ojo de tigre
azurita	rubí
baritina	siderita
blenda	sodalita
calcita	topacio
celestina	turmalinas
cinabrio	turquesa
cloritas	variscita
crisoprasa	zafiro
cristal de roca (cuarzo)	zoisita

Éstas son las piedras que ayudan a potenciar las virtudes y a vencer los obstáculos de los nativos de:

GÉMINIS

actinolita
ágata musgosa
ágata dendrítica
ágata fuego
aguamarina
ambligonita
analcima
andalucita
ankerita
atacamita
aventurina
azabache
baritina
blenda
calcopirita
casiterita
cerusita
cianita
circón
cloritas
cristal de roca (cuarzo)
cuarzo citrino
cuarzo rosa
cuarzo rutilado

diamante
esfalerita
esteatita
jade
jaspe leopardo
labradorita
magnetita
malaquita
ojo de tigre
ortosa
perla
rubelita
rubí
rutilo
siderita
sodalita
topacio
turmalinas
turquesa
variscita
wollastonita
zafiro
zoisita

Éstas son las piedras que ayudan a potenciar las virtudes y a vencer los obstáculos de los nativos de:

CÁNCER

ágata fuego
ágata dendrítica
aguamarina
alejandrita
ámbar
ambligonita
ankerita
apatito
azurita
baritina
calcedonia
calcita
celestina
cinabrio
circón
cloritas
crisoprasa
cristal de roca (cuarzo)
cuarzo amatista
cuarzo citrino
cuarzo rosa
cuarzo rutilado
cuarzo turmalinado

diamante
esfalerita
fluorita
jade
jaspe rojo
lapislázuli
magnetita
malaquita
obsidiana
ojo de gato
ortosa
prehnita
rubelita
rutilo
siderita
sodalita
topacio
turmalinas
turquesa
variscita
wollastonita
zafiro

Éstas son las piedras que ayudan a potenciar las virtudes y a vencer los obstáculos de los nativos de:

LEO

actinolita
ágata dendrítica
ágata fuego
ágata musgosa
aguamarina
amazonita
ámbar
ambligonita
analcima
andalucita
ankerita
apatito
aragonito
atacamita
baritina
blenda
calcopirita
casiterita
celestina

cerusita
cinabrio
cristal de roca (cuarzo)
cuarzo amatista
cuarzo rosa
cuarzo turmalinado
diamante
esteatita
malaquita
ojo de tigre
piedra de luna
rutilo
topacio
turmalinas
turquesa
variscita
wollastonita
zafiro

Éstas son las piedras que ayudan a potenciar las virtudes y a vencer los obstáculos de los nativos de:

VIRGO

ágata dendrítica
ágata fuego
ágata musgosa
aguamarina
alejandrita
amazonita
ámbar
ambligonita
andalucita
ankerita
apatito
aragonito
azurita
baritina
calcedonia
calcita
carneola (ágata)
celestina
cianita
circón
crisoprasa

cristal de roca (cuarzo)
cuarzo amatista
cuarzo rutilado
diamante
fluorita
hematites
jacinto de Compostela
malaquita
obsidiana
ojo de tigre
olivino
rodonita
rubí
sodalita
topacio
turmalinas
turquesa
variscita
wollastonita
zafiro

Éstas son las piedras que ayudan a potenciar las virtudes y a vencer los obstáculos de los nativos de:

LIBRA

ágata dendrítica
aguamarina
alejandrita
amazonita
ámbar
analcima
ankerita
apatito
atacamita
aventurina
azurita
baritina
blenda
calcedonia
calcopirita
carneola (ágata)
casiterita
celestina
cerusita
cianita
cloritas
cristal de roca (cuarzo)

cuarzo amatista
cuarzo rutilado
diamante
esmeralda
esteatita
galena
jacinto de Compostela
lapislázuli
malaquita
olivino
perla
piedra del sol
pirita
rodocrosita
rubí
rutilo
siderita
sodalita
topacio
turmalinas
turquesa
zafiro

Éstas son las piedras que ayudan a potenciar las virtudes y a vencer los obstáculos de los nativos de:

ESCORPIO

actinolita	esfena
ágata fuego	esmeralda
ágata dendrítica	galena
ágata musgosa	hematites
alejandrita	jade
amazonita	jaspe leopardo
ambligonita	labradorita
ankerita	malaquita
aragonito	obsidiana
aventurina	ojo de gato
azurita	olivino
baritina	oropimente
blenda	piedra del sol
calcedonia	rodocrosita
calcita	rodonita
carneola (ágata)	rubelita
celestina	rutilo
cianita	siderita
circón	topacio
crisoprasa	turmalinas
cristal de roca (cuarzo)	turquesa
cuarzo citrino	wollastonita
cuarzo rutilado	zafiro
diamante	zoisita

Éstas son las piedras que ayudan a potenciar las virtudes y a vencer los obstáculos de los nativos de:

SAGITARIO

alejandrita
amazonita
ámbar
analcima
aragonito
atacamita
aventurina
azabache
azurita
blenda
calcedonia
calcopirita
casiterita
celestina
cerusita
cinabrio
circón
cloritas
cristal de roca (cuarzo)
cuarzo citrino
cuarzo turmalinado
diamante
esmeralda
esteatita

granates
hematites
jade
jaspe sanguíneo
jaspe rojo
malaquita
ortosa
piedra de luna
piedra del sol
pirita
prehnita
rodocrosita
rubí
rutilo
siderita
sodalita
topacio
turmalinas
turquesa
variscita
wollastonita
zafiro
zoisita

Éstas son las piedras que ayudan a potenciar las virtudes y a vencer los obstáculos de los nativos de:

CAPRICORNIO

ágata dendrítica
ágata fuego
amazonita
ámbar
ambligonita
analcima
andalucita
ankerita
aragonito
aventurina
azabache
azurita
baritina
calcita
carneola
casiterita
celestina
cerusita
cianita
circón
cristal de roca (cuarzo)

cloritas
cuarzo amatista
cuarzo rutilado
diamante
esmeralda
fluorita
granates
jacinto de Compostela
jaspe rojo
lapislázuli
malaquita
ortosa
perla
piedra del sol
pirita
rubí
rutilo
siderita
sodalita
zoisita

Éstas son las piedras que ayudan a potenciar las virtudes y a vencer los obstáculos de los nativos de:

ACUARIO

aguamarina
alejandrita
amazonita
ámbar
ambligonita
analcima
andalucita
atacamita
blenda
calcita
calcopirita
casiterita
celestina
cerusita
cinabrio
circón
cloritas
cristal de roca (cuarzo)
cuarzo amatista
cuarzo turmalinado
diamante
esmeralda
fluorita
granates

hematites
jade
jaspe sanguíneo
lapislázuli
magnetita
malaquita
marcasita
obsidiana
oropimente
piedra de luna
prehnita
rodocrosita
rodonita
rubelita
rubí
sodalita
topacio
turmalinas
turquesa
variscita
wollastonita
zafiro
zoisita

Éstas son las piedras que ayudan a potenciar las virtudes y a vencer los obstáculos de los nativos de:

PISCIS

ágata dendrítica
ágata fuego
ágata musgosa
aguamarina
alejandrita
ambligonita
analcima
ankerita
apatito
aragonito
atacamita
azabache
baritina
calcedonia
calcita
calcopirita
celestina
cianita
cristal de roca (cuarzo)
cuarzo amatista
cuarzo rutilado
diamante
galena

granates
jacinto de Compostela
jaspe rojo
jaspe sanguíneo
labradorita
magnetita
malaquita
marcasita
ojo de gato
piedra de luna
pirita
prehnita
rodocrosita
rodonita
rubí
siderita
sodalita
topacio
turquesa
variscita
wollastonita
zafiro

Índice de dolencias

Éstas son las piedras recomendadas para superar las dolencias que listamos a continuación:

Dolencia	Piedra
acedía	esmeralda
acidez	prehnita
amígdalas	ámbar, apatito
amnesia	andalucita, galena, jaspe leopardo
anemia	aguamarina, granate, prehnita
anorexia	azurita, ortosa, rubí, turquesa
ansiedad	amazonita, calcedonia, cuarzo amatista, cuarzo turmalinado, obsidiana, zafiro
articulaciones	amazonita, celestina, galena, zoisita
artritis	apatito, cuarzo amatista, cuarzo rutilado, labradorita, obsidiana, turmalinas
artrosis	ámbar, alejandrita, carneola (ágata), galena, ojo de tigre, variscita, zafiro
asma	blenda, cuarzo amatista, malaquita, piedra de luna, rodocrosita, rubelita
ausencias	andalucita, jaspe leopardo
bazo	aguamarina, calcopirita, lapislázuli, ortosa
bocio	ámbar
cabeza, dolores	ámbar, andalucita, ortosa, rodocrosita, topacio, turquesa
calambres	actinolita, esfalerita, zafiro
cefaleas	ámbar, ortosa, turquesa
ciática	zafiro, zoisita
circulación sanguínea	cerusita, granates, hematites, ojo de tigre, pirita, rutilo, turquesa

colitis	esmeralda, jaspe leopardo
colon irritable	jaspe leopardo
convulsiones	actinolita, ámbar
corazón, trastornos	amatista, aragonito, carneola, circón, cuarzo, esmeralda, jacinto de Compostela, magnetita, ojo de tigre, perla, rubí
debilidad	calcopirita
depresión	aguamarina, baritina, calcita, carneola (ágata), cuarzo amatista, cuarzo citrino, cuarzo turmalinado, granate, jaspe sanguíneo, magnetita, obsidiana, olivino, rutilo, topacio, zafiro
diabetes	aventurina, carneola (ágata), cuarzo amatista, diamante, rubí
digestivo, aparato	ámbar, casiterita, cuarzo citrino, cuarzo turmalinado, esfalerita, esmeralda, granates, hematites, jaspe leopardo, magnetita, malaquita, pirita, rubí
dolores en general	aguamarina, casiterita, celestina, cinabrio, cuarzo turmalinado, marcasita, oropimente
epilepsia	actinolita, ámbar, calcedonia, diamante, jaspe leopardo, wollastonita
escoceduras	calcedonia
estreñimiento	azurita, blenda
estrés	aguamarina, aventurina, baritina, fluorita, olivino, rodonita, topacio
fiebre	atacamita, calcedonia, magnetita, rubelita, rubí
fístulas	calcedonia

flatulencias	esfalerita, pirita
garganta	aguamarina, wollastonita
gastritis	azurita, pirita, prehnita
gota	azabache, calcopirita, topacio
hemorragias	hematites, olivino, topacio
hemorroides	aventurina, calcopirita, pirita
hernias	calcopirita
hígado	aguamarina, carneola (ágata), cerusita, cuarzo turmalinado, granates, jaspe rojo, pirita, rodocrosita
hipertensión	rubí, zafiro
huesos	esteatita, granates, jade, sodalita
ictericia	marcasita
insomnio	apatito, aventurina, azabache, baritina, circón, jacinto de Compostela, rodocrosita, variscita
leucemia	hematites
locura	blenda
lumbago	amazonita, celestina, prehnita, rodocrosita, zafiro, zoisita
memoria	andalucita, azurita, turquesa, variscita
menopausia	diamante
migraña	ámbar, andalucita, ortosa, rodocrosita, turquesa
músculos	cuarzo citrino, esfena, turquesa
nervios	aguamarina, amazonita, ámbar, aventurina, azurita, carneola (ágata), cuarzo amatista, cuarzo rosa, cuarzo turmalinado, esmeralda, obsidiana, olivino, rodonita, rutilo, topacio, turmalinas, wollastonita

neurosis	blenda, siderita
oídos	analcima
ojos	aguamarina, alejandrita, aragonito, atacamita, esmeralda, jade, magnetita, perla, rubí, turquesa
osteoporosis	zafiro
páncreas	ambligonita, cuarzo citrino, esmeralda, ortosa
pesadillas	malaquita
piel	aguamarina, marcasita, piedra de luna, turmalinas
próstata	aventurina
psoriasis	diamante
pulmones	blenda, cloritas, cuarzo citrino, granates, jacinto de Compostela, ojo de tigre, piedra de luna, rodocrosita, rubelita, rutilo, zoisita
reuma	amazonita, analcima, apatito, azurita, galena, labradorita, marcasita, obsidiana, zafiro, zoisita
riñones	aguamarina, ambligonita, blenda, calcedonia, esmeralda, jade, jaspe leopardo, marcasita, ortosa, topacio
taquicardia	ámbar
tos	azurita
tuberculosis	calcopirita
tumores	hematites, turmalinas
urticaria	rodonita
vértigos	alejandrita, analcima, cianita, labradorita
vesícula	carneola (ágata), jade, rodocrosita
vómitos	piedra del sol

Índice de aplicaciones

Éstas son las piedras recomendadas para alcanzar los objetivos y superar los problemas que relacionamos a continuación:

Aplicaciones	Piedra
accidentes	ágata musgosa
alegría	aguamarina, labradorita, turquesa, variscita
altruismo	rodocrosita, siderita
amabilidad	perla
amistad	rodonita
amor	baritina, casiterita, cianita, esteatita, jaspe rojo, rodocrosita, rubí, topacio, turmalinas
angustia emocional	cuarzo rosa, esmeralda, perla
ánimo decaído	aventurina, carneola (ágata), rutilo, zafiro
armonía	cuarzo amatista, cuarzo turmalinado
calma	cuarzo rosa, esmeralda
caridad	calcedonia, jade
celos	baritina, jacinto de compostela, malaquita, topacio, zoisita
claridad mental	aguamarina, azurita, rubelita, topacio
compasión	rodocrosita
complejos	cuarzo citrino
comprensión	cuarzo amatista
concentración	carneola (ágata), fluorita
confianza en uno mismo	hematites
constancia	esteatita, cuarzo turmalinado
cooperación	cerusita
creatividad	cuarzo citrino, cuarzo rutilado, granates, labradorita, rutilo

decisión	aragonito
desasosiego	blenda
dulzura	cloritas, wollastonita
envidia	baritina, jacinto de compostela, malaquita, topacio, zoisita
equilibrio espiritual y mental	alejandrita, amatista, ámbar, ambligonita, atacamita, aventurina, carneola (ágata), cinabrio, cristal de roca (cuarzo), cuarzo, cuarzo turmalinado, esmeralda, fluorita, hematites, jaspe leopardo, topacio
esperanza	crisoprasa
espiritualidad	casiterita
estabilidad	cuarzo citrino
éxito	esfalerita, esteatita, zafiro
fama	esfalerita, lapislázuli, zafiro
felicidad	aguamarina
fidelidad	cuarzo turmalinado, olivino
fobia a viajar	aguamarina, cuarzo citrino
inspiración	aguamarina, casiterita, cristal de roca (cuarzo), cuarzo rutilado, malaquita
inteligencia	cuarzo amatista, esmeralda
irritación	andalucita, rubí
justicia	jade, labradorita, obsidiana, olivino, perla
lealtad	circón, perla
locuacidad	aguamarina
lujuria	rubí
mal de ojo	azabache, carneola (ágata), hematites, jaspe rojo, malaquita, ojo de tigre, turquesa

manías	cuarzo citrino
meditación	actinolita, ágata fuego, apatito, atacamita, cianita, circón, cristal de roca (cuarzo), cuarzo amatista, cuarzo rutilado, esmeralda, fluorita, granates, jaspe sanguíneo, lapislázuli, obsidiana, rutilo, turmalinas
melancolía	aguamarina, atacamita, calcedonia, casiterita, granates, jaspe sanguíneo, lapislázuli, turmalinas
memoria	esmeralda, galena, jaspe leopardo
miedos	amazonita, ámbar, aventurina, blenda, casiterita, esmeralda, perla, rubí, siderita
modestia	cuarzo amatista, jade, labradorita
optimismo	marcasita
paciencia	cuarzo turmalinado
paz, sosiego	aguamarina, aragonito, cristal de roca (cuarzo), pirita
persuasión	cuarzo amatista
pesadillas	ámbar, rubí
pesadumbre	casiterita
pleitos, procesos legales	calcedonia, esmeralda
prudencia	circón, esmeralda
reconciliación	jacinto de compostela
relajación	actinolita, cristal de roca (cuarzo), cuarzo amatista, cuarzo rosa, cuarzo rutilado, fluorita, jacinto de compostela, rutilo, variscita
sabiduría	circón, jade, turmalinas, zafiro
seguridad en uno mismo	amazonita, azurita, carneola (ágata), celestina, labradorita, prehnita, wollastonita

suerte	aguamarina, ámbar, azabache, cuarzo amatista, esmeralda, esteatita, hematites, jacinto de compostela, jade, lapislázuli, malaquita, ojo de tigre, turmalinas, zafiro
ternura	cloritas, siderita, turmalinas, wollastonita
timidez	aragonito, celestina, diamante, jaspe rojo, prehnita, topacio, wollastonita
tolerancia	cloritas
tranquilidad	cuarzo citrino
tristeza	esmeralda, granates, rubí, turmalinas
valor	jade, labradorita
virtud	esfena
vitalidad	rodocrosita

Uso práctico de las piedras

Apéndice de la 2.ª edición

Inicie el día con fuerza y ganas de vivir

1. Una vez despierto, colóquese un cuarzo Cristal de Roca en la cabeza y dos Amatistas en las manos (las Amatistas, preferentemente pulidas o rodadas).

2. Respire lenta pero profundamente. Lleve el aire desde sus pulmones a la cabeza.

3. Sienta cómo la energía de estas piedras se distribuye por todo su cuerpo, relajándole y llevándole a un estado de consciencia y paz interior, de felicidad.

4. Visualice algo que le guste mucho y piense en ello durante unos minutos.

5. Repita mentalmente un mensaje, al principio con lentitud y paulatinamente más fuerte, afirmándolo. No importa cuál sea el mensaje, bastará con que nos infunda fuerza y seguridad en nosotros mismos; podría ser algo como: «Hoy es mi día, todo va a salir bien, voy a realizar mi trabajo lo mejor posible, todos se sentirán bien con mi compañia».

6. Recréese en estos pensamientos, repítalos con fuerza y coraje.

7. Transcurridos algunos minutos, salga de este estado y vuelva a su vida normal.

Para equilibrar la unidad mente-cuerpo

1. Siéntese en un sillón cómodo, pero con la espalda lo más recta posible.

2. Coloque un cuarzo Cristal de Roca sobre su cabeza, (el cuarzo deberá ser de un tamaño grande). Las plantas de los pies estarán bien apoyadas en el suelo. Las palmas de las manos descansarán sobre las rodillas. Siéntase cómodo. Aflójese toda la ropa que le oprima.

3. Concéntrese en su respiración. Muy lentamente, repita 10 ciclos respiratorios.

4. Concéntrese ahora en el cuarzo, sienta cómo su energía positiva se reparte, primero por su cabeza y luego por todo su cuerpo.

5. Continúe con las respiraciones profundas, conscientes.

6. Repita varias veces: «Todo mi cuerpo está en armonía, mi mente se funde con mi cuerpo en una sola pieza, me siento bien, equilibrado, siento una paz interior».

7. Mantenga esta posición durante todo el tiempo que sea necesario, hasta encontrarse equilibrado y feliz.

8. Pasados algunos minutos, retire el cuarzo de su cabeza, estírese y bostece.

Calmar dolores de cabeza

1. Deje la habitación en penumbra.

2. Siéntese en un sillón o silla lo más cómodo posible.

3. Colóquese una Piedra Luna en el entrecejo (tercer ojo) y fíjela con un esparadrapo.

4. Tenga en su mano un Cristal de Roca.

5. Comience a realizar respiraciones lentas pero profundas.

6. A cada respiración, repita mentalmente: «Con esta espiración extraigo mi dolor de cabeza» o «A cada espiración me encuentro mejor». Repítalo 10 veces, muy lentamente.

7. Concéntrese en la energía que la Piedra Luna está introduciendo desde su frente hasta el interior de su cabeza. Sienta cómo esa energía positiva se va distribuyendo por toda su cabeza.

8. Al mismo tiempo, piense en el cuarzo, que va llevando, como a oleadas, el fluido energético por todo su cuerpo. Conduzca esa energía a través de él hasta su cabeza.

9. Después de algunos minutos, acuéstese, con movimientos muy lentos, perezosos. Busque una posición lo más cómoda posible y sumérjase en un sueño suave y reparador.

Para descansar mejor

1. Coloque en la bañera dos cristales de cuarzo de tamaño medio (de 5 a 10 cm).

2. Añada un poco de agua caliente y disuelva en ella dos cucharadas de sal marina y dos cucharadas de gel. Llene la bañera.

3. Colóquese cómodamente en la bañera e inspire profundamente. Repita los ciclos de respiración 9 veces.

4. Cierre los ojos y piense que está en una playa desierta; la brisa le envuelve, escucha el murmullo de las olas...

5. Repita varias veces alguna frase como: «Me encuentro feliz, siento la paz y la tranquilidad».

6. Concéntrese en la energía que los cristales de cuarzo estan repartiendo por toda el agua y por todo su cuerpo. Siéntala, déjese impregnar de esa energía positiva y relajante.

7. Báñese con calma, sin prisas, siendo consciente de cada movimiento. Disfrute de la sensación de tranquilidad que siente. Aclárese con agua corriente, siempre pensando que los cristales estan haciendo su trabajo.

Para rechazar las energías negativas

1. Acuéstese cómodamente en la cama.

2. Colóquese una piedra en cada chakra de su cuerpo (en las páginas 37-39 encontrará las piedras correspondientes a cada uno de ellos).

3. Respire lentamente, con el abdomen, y lleve el oxígeno a su cabeza. Repita 10 ciclos respiratorios.

4. Relájese y concéntrese en el primer chakra. Sienta cómo su aura energética va produciendo ondas concéntricas alrededor de la piedra, cómo va creando armonía y construyendo una especie de escudo protector.

5. Repita la misma operación con cada uno de los chakras. Así llegará a crear un escudo completo que le protegerá de la energía negativa.

6. Continúe durante 10 minutos, sintiéndose protegido y en paz.

7. Pasado este espacio de tiempo, haga ejercicios de estiramientos, bostezos, etc.

Para mitigar los dolores

1. Acuéstese en la posición que le resulte más cómoda.

2. Coja un cristal de roca en una mano y la piedra correspondiente a su dolencia (ver tablas), en la otra.

3. Comience con unos ejercicios de respiración, muy lentamente. Realice 10 ciclos respiratorios.

4. Coloque la piedra indicada en la zona dolorida, suavemente, sin apretar.

5. Concéntrese en el campo energético de la piedra y en su aura, que se distribuye por toda la zona dolorida. Sienta cómo se impregna de vibraciones positivas.

6. Aplique alternadamente la piedra curativa y el cuarzo que tiene en la otra mano. Dése ligeros masajes en la zona dolorida, vuelva a sentir la energía positiva y regenadora.

7. Piense en que esa energía le está haciendo un efecto sedante, medite sobre ello y repita mentalmente: «Ya me siento mejor» o «La energía de esta piedra me está haciendo bien».

8. Sienta cómo, en cada espiración, está expulsando el dolor hacia fuera.

9. Permanezca en este estado el tiempo necesario, hasta encontrarse bien. A continuación, trate de descansar, incluso de dormir.